Rechtsgeltung und Konsens

AF141390

Schriften zur Rechtstheorie

Heft 49

Rechtsgeltung und Konsens

Mit Beiträgen von
Eugen D. Graue · Theo Mayer-Maly
Adalbert Podlech · Ulrich Scheuner
Hans-Ludwig Schreiber

im Auftrag der Dr. Otto Bagge-Gedächtnisstiftung
herausgegeben von Günther Jakobs

DUNCKER & HUMBLOT / BERLIN

© 1976 Duncker & Humblot, Berlin 41
Gedruckt 1976 bei Buchdruckerei A. Sayffaerth - E. L. Krohn, Berlin 61
Printed in Germany

ISBN 3 428 03624 7

Vorwort

Die in diesem Band zusammengefaßten Aufsätze beruhen auf Vorträgen, die im Mai 1975 in Husum auf einer Tagung der Dr. Otto Bagge-Gedächtnisstiftung, Kiel, zum Thema „Rechtsgeltung und Konsens" gehalten wurden. Den Referenten der Tagung hat die Stiftung für ihre Mitwirkung durch einen Vortrag und durch ihre Teilnahme an zahlreichen Diskussionen verbindlich zu danken. Herr Gerhard Timpe, mein Assistent, hat es auf sich genommen, nach den Bandaufzeichnungen der Diskussionen die hier abgedruckten Diskussionsberichte zu verfassen; dafür sei ihm gedankt.

Kiel, im Oktober 1975

Günther Jakobs

Inhalt

Wertentscheidungen und Konsens

Von Adalbert Podlech, Darmstadt

Max Weber hat 1904 den Terminus „Wert" das Schmerzenskind der Nationalökonomie genannt[1]. Ähnliches ließe sich noch immer für die Rechtswissenschaft sagen. Zwar ist die Einhelligkeit der Anerkennung dieses Terminus als Grundbegriff der Rechtsphilosophie oder der Rechtstheorie aufgebrochen, aber noch immer finden sich in juristischen Methodenüberlegungen Sätze wie „Richterliche Tätigkeit ist Wertverwirklichung"[2]. Wird für eine Wissenschaft ein unzweckmäßiger oder gar in seinem Sprachkontext widersprüchlich verwendeter methodischer Grundbegriff gewählt, so vermag ein solcher Vorgang die Grundlagendiskussion dieser Wissenschaft zu korrumpieren. Zwei Gründe scheinen mir dafür zu sprechen, daß die Voraussetzungen dieser Wirkung in der Rechtswissenschaft der Weimarer Zeit und verstärkt seit 1945 gegeben sind. Der erste Grund besteht darin, daß es als die Aufgabe der Richter und der meisten anderen Rechtsanwender bezeichnet werden kann, rechtliche Entscheidungen zu fällen[3], und daß der Ausdruck „Wertung" ohne Problemverlust durch den Ausdruck „Entscheidung" ersetzt werden kann. Sprachliches Bindeglied ist dann der Ausdruck „Wertentscheidung", der in der mir gestellten Fassung des Themas vorkommt. Das bedeutet, daß wir wissenschaftstheoretisch legitimiert dem Schmerzenskind „Wert" das Heimatrecht streitig machen dürfen. Weniger bildlich und dafür korrekt ausgedrückt: Alle rechtswissenschaftlichen Probleme lassen sich äquivalent in einer Sprache formulieren und vielleicht einer Lösung zuführen, die den Ausdruck „Wert" nicht enthält. Nun wäre das allein kein zureichender Grund, gegenüber der juristischen Verwendung des Ausdrucks „Wert" enthaltsam zu sein. Hinzu kommt ein zweites. Mag man den Vorgang, daß der Ausdruck

---

[1] *M. Weber*, Die „Objektivität" sozialwissenschaftlicher und sozialpolitischer Erkenntnis (1904), in: *ders.*, Gesammelte Aufsätze zur Wissenschaftslehre, 3. Aufl. Tübingen 1968, S. 209 f.

[2] Der Satz wird heute weniger in wissenschaftlichen Untersuchungen als in Diskussionen mit Praktikern vertreten. Zwei Diskussionen in der Deutschen Richterakademie wurden teilweise von diesem Satz her bestimmt.

[3] *Fr. Müller*, Recht — Sprache — Gewalt. Elemente einer Verfassungstheorie I, Berlin 1975, S. 22, schlägt daher vor, Rechtswissenschaft als Element des Durchschnitts der Sozialwissenschaften und der Entscheidungswissenschaften aufzufassen.

„Wert" im Laufe des 19. Jahrhunderts ins Zentrum grundlegender
Diskussionen gerät, als Symptom für die Ökonomisierung von Denk-
gewohnheiten oder als Antwort auf die Nihilismuskrise des 19. Jahrhunderts deuten — beide, vermutlich dann nicht voneinander unab-
hängigen Deutungen hat *Carl Schmitt* in seinem Aufsatz „Die Tyrannei
der Werte" gegeben[4] —, jedenfalls war es ein für die Wissenschafts-
geschichte höchst folgenschwerer Vorgang. Für die deutsche, später die
bundesrepublikanische Rechtswissenschaft fast noch folgenschwerer
war folgender Umstand. Die zuerst noch blasse und in der wissenschaftstheoretischen Strukturierung undeutliche Verwendung des
Ausdrucks „Wert" etwa bei *Hermann Lotze* spaltete sich bald — wenn
man einmal von der im Sprachgebrauch mehr dichterisch als begrifflich
getönten Verwendung bei *Friedrich Nietzsche* absieht — in zwei miteinander unverträgliche Bedeutungen. Die eine — wie sie etwa greifbar wird in der berühmten, 1904 erschienenen Abhandlung von *Max
Weber* über die „Objektivität sozialwissenschaftlicher und sozialpolitischer Erkenntnis"[5] — sieht in Wertungen Entscheidungen über Mengen von Alternativen. Diese Konzeption ermöglicht die Kontrolle der
Wortverwendung an empirischen Sachverhalten und die Herausarbeitung der logischen Bedingungen der konsistenten Wortverwendung,
ein wissenschaftliches Bemühen, das zum Aufbau der Disziplin der
Präferenztheorie geführt hat und zu der 1971 mit dem Nobelpreis gewürdigten Entdeckung des Theorems von der Unmöglichkeit der Über-
führung beliebiger individueller Wertordnungen in soziale Wertordnungen durch *Arrow* im Jahre 1951[6]. Auf dieses Theorem werde ich
noch zurückkommen. Es stellt den Schlüssel zu zahlreichen, gerade
Rechtswissenschaftler beunruhigenden Wertproblemen dar. Für die
deutsche und später die bundesrepublikanische Rechtswissenschaft war
es ein verhängnisvoller Umstand, daß sie den Anschluß an die Wert-
problematik nicht in der präferenztheoretischen Fassung gewann,
sondern in der Fassung der klassischen deutschen Wertphilosophie, wie
sie erstmals formuliert wurde in der 1899 erschienenen Erstlings-
arbeit von *Max Scheler* „Beiträge zur Feststellung der Beziehungen
zwischen den logischen und ethischen Prinzipien"[7]. Dieser Umstand

---

[4] *C. Schmitt*, Die Tyrannei der Werte, in: Säkularisation und Utopie.
Ebracher Studien, Ernst Forsthoff zum 65.Geburtstag, Stuttgart 1967, S. 37
bis 62, bes. S. 39 ff., 64, 53.

[5] *M. Weber*, Die „Objektivität" sozialwissenschaftlicher und sozialpolitischer Erkenntnis, S. 150, 157.

[6] *K. J. Arrow*, Social Choice and Individual Values (1951), 2. Aufl. New
York, London, Sidney 1963.

[7] *M. Scheler*, Beiträge zur Feststellung der Beziehungen zwischen den
logischen und ethischen Prinzipien, Diss. Jena 1897, in: *ders.*, Frühe Schriften. Gesammelte Werke, Band 1, Bern, München 1971, S. 9 - 160. In der
Arbeit *A. Podlech*, Wertungen und Werte im Recht, in: Archiv des öffentlichen Rechts, 95 (1970) S. 167 - 223, habe ich unter 4.1 eine belegte Zusam-

hatte zwei nahezu irreparable Folgen. Zum einen schnürte er die Rechtswissenschaft für etwa zwei Generationen von der interdisziplinären Entwicklung der Wissenschaftstheorie ab und zum anderen verhinderte er, daß die rechtstheoretische Grundlagenproblematik der Rechtserzeugung und Rechtsanwendung wissenschaftstheoretisch korrekt expliziert werden konnte. Da die Entwicklung der klassischen deutschen Wertphilosophie wissenschaftlich und philosophisch eine Sackgasse war, die nur noch in ihren Folgen interessiert und ich darüber in meiner früheren Arbeit „Wertungen und Werte im Recht" gehandelt habe[8], gehe ich auf sie im folgenden nicht mehr ein. Konsensprobleme gewönnen auf ihrer Grundlage ohnehin nur die Fassung dessen, was *Nicolai Hartmann* die Tyrannei der Werte genannt hat[9].

Nach dieser Klarstellung meiner Position beginne ich mit der systematischen Exposition meines Themas. Dabei werde ich zuerst über Wertungen oder Wertentscheidungen, dann über Konsens und anschließend über *die* Probleme sprechen, die sich aus dem Verhältnis von Wertungen und Konsens ergeben.

Ich unterstelle, daß wir wissen, was im sozialen Bereich Alternativen sind[10]. Locker ausgedrückt ist alles eine Alternative, was wir wählen können[11]. Das können Moden, Freundinnen, Parteiprogramme, Fassungen von Rechtsvorschriften, Autobahntrassen oder Moralen sein. Gegeben sei eine Menge solcher Alternativen, kurz *Alternativenmenge* genannt. Die Operation, die aus einer solchen Alternativenmenge eine Alternative als ausgezeichnet auswählt, oder die Alternativenmenge in einer bestimmten Weise ordnet, nenne ich *dann* eine *Entscheidung*

menfassung der Position der klassischen deutschen Wertphilosophie gegeben. Schelers Dissertation war mir damals nicht zugänglich. Die Irrationalität, d. h. die Alogizität der Wertakte ist in der Dissertation noch deutlicher ausgesprochen als in den späteren Schriften. Ich trage daher als Belegstellen hierfür nach *M. Scheler*, S. 104, 110, 111 „Alogismus der ethischen Phänomene".

[8] *A. Podlech*, Werte und Wertungen im Recht.

[9] *N. Hartmann*, Ethik (1925), 3. Aufl. Berlin 1949, S. 574 ff.; *C. Schmitt*, Die Tyrannei der Werte, S. 59 ff.; *A. Podlech*, Werte und Wertungen im Recht, S. 206 ff.

[10] In der Hinnahme von Alternativen als unzerlegbaren Elementen einer Alternativenmenge liegt eine unzulässige Vereinfachung. Zur Notwendigkeit, Alternativen als strukturierte Gebilde zu betrachten vgl. *Jean Antoine Nicolas Caritat*, Marquis de *Condorcet*, Essai sur l'application de l'analyse à la probabilité des décisions rendues à la pluralité des voix, Paris 1785, S. XLVI; *W. Popp*, Soziale Mathematik der Mehrheitsentscheidung. Zu *Condorcets* „Essai sur l'application de l'analyse à la probabilité des décisions rendues à la pluralité des voix", 3.10. Diese Arbeit und die im folgenden zitierten Arbeiten von *W. Popp, B. Schlink* erscheinen demnächst in einem Sammelband der Arbeitsgruppe *Recht und Mathematik: A. Podlech* (Hrsg.), Rechnen und Entscheiden. Modelle juristischen Argumentierens.

[11] Vgl. dazu *A. K. Sen.*, Collective Choice and Social Welfare, San Francisco, Cambridge, London, Amsterdam 1970, S. 14 ff.

über dieser Alternativenmenge, wenn eine gleich zu nennende Zusatzbedingung erfüllt ist. Die durch die Entscheidung ausgezeichnete Alternative heiße zu *verwirklichende Alternative,* die durch sie hergestellte Ordnung *Präferenzordnung* über der Alternativenmenge. Von einer Entscheidung wollen wir aber nur dann sprechen, wenn es kein Verfahren logischer oder sonstiger Art gibt, das die geforderte Auswahl automatisch trifft oder die Ordnung automatisch herstellt. Mit dem Fachterminus ausgedrückt: Es darf keinen Algorithmus zur Herstellung der Auswahl oder der Ordnung geben[12].

Ich vertrete nun die These, daß die gegebenen Definitionen der Ausdrücke „Entscheidung" und „Präferenzordnung" korrekte Explikationen der Ausdrücke „Wertung" und „Wertordnung" sind. Auf eine Explikation des Ausdrucks „Wert" werde ich verzichten. Ich habe einmal vorgeschlagen, den Ausdruck „Wert" zur Bezeichnung *der* Vorzugsregel zu verwenden, die von etwas gestattet, es als „wertvoll" zu bezeichnen, wobei „wertvoll" etwas heißen sollte, wenn es seinem

---

[12] Ist Entscheidungsträger die öffentliche Verwaltung, so definiert die Möglichkeit der Entscheidung zwischen Alternativen nach einem Wortgebrauchsvorschlag von *W. Schmidt,* Organisierte Einwirkungen auf die Verwaltung. Zur Lage der zweiten Gewalt, in: Veröffentlichungen der Vereinigung der Deutschen Staatsrechtslehrer, 33 (1975) S. 249, den Bereich des Politischen, wobei durch die oben eingeführte Einschränkung Verhalten aufgrund eindeutiger Regelungen aus bloßer Gesetzesvollzug aus diesem Bereich ausgeschlossen wird, unbeschadet der Frage, wie häufig es eindeutige Regelungen gibt. Vgl. dazu auch *Fr. Scharpf,* Die politischen Kosten des Rechtsstaats, Tübingen 1970, S. 63 ff.
Dem Problem des Interpretationsspielraums sprachlich gefaßter sozialer Regeln entspricht strukturell das Problem der statistischen Interpretation natürlich-technischer Regeln. (Insofern ist es eine strukturelle Bedeutung von „Verbot", wenn *K. R. Popper,* Logik der Forschung [1934], 2. Aufl. Tübingen 1966, S. 57, formuliert, daß allgemeine Sätze im Rahmen naturwissenschaftlicher Theorien Vorgänge verbieten. Zu den wissenschaftstheoretischen Problemen, die beim Übergang von der nichtstatistischen zur statistischen Interpretation naturwissenschaftlicher Theorien entstehen, vgl. *W. Stegmüller,* Personelle und Statistische Wahrscheinlichkeit, 2. Halbband, Berlin, Heidelberg, New York 1973, S. 27 - 60. Daß jedenfalls die Wahrscheinlichkeit die Strukturvergleichbarkeit stiftet, zeigt sich daran, daß mit der Einführung des Interpretationsgesichtspunktes in soziale Entscheidungsverfahren aufgrund sprachlich gefaßter Regeln Ergebnisse nur mit bestimmten Wahrscheinlichkeiten prognostizierbar sind.) Ist die Konstruktion eines Otto-Motors korrekt, so untersagt die oben eingeführte Einschränkung die Formulierung „Ein bestimmter Auto-Motor entscheidet sich in einer bestimmten Konstellation seiner Elemente zu zünden". Berücksichtigt man, daß natürlich-technische Regeln nur statistisch gelten — und somit vom Konstruktionszweck her Fehleranfälligkeit eine statistische Größe größer Null ist — ist die Formulierung zulässig und bedeutet das (noch) korrekte Funktionieren des Motors in dieser Konstellation.
Die beiden Beispiele — Gesetzesanwendung und Zündung eines Motors — sollen darauf aufmerksam machen, daß der oben eingeführte Entscheidungsbegriff sehr formal ist und nicht-formale Aussagen mit seiner Hilfe nur gewonnen werden können, wenn der Aussagenbereich definiert ist, in dem er verwendet werden soll.

Gegenteil vorgezogen würde[13]. Zweck dieser Begriffsbildung war es, den Satz der Grundrechtsdogmatik „Grundrechte sind Werte" als wahr erweisen zu können. Da im Bereich der Rechtswissenschaft die Gefahr noch immer sehr groß ist, begriffsrealistisch von einem Satz wie „Grundrechte sind Werte"[14] überzugehen zu dem Satz „Werte gibt es", lasse ich diese Begriffsbildung fallen. Es reicht zur Diskussion aller grundrechtsdogmatischen Probleme aus, Grundrechte als Präferenzordnungen aufzufassen. Werden als Alternativenmengen, über denen Grundrechte als Präferenzordnungen definiert werden, mögliche Auslegungen rechtlicher Bestimmungen genommen, so erhält man Grundrechte als Interpretationsregeln, werden rechtlich geregelte soziale Komplexe genommen, erhält man Grundrechte als institutionelle Garantien oder allgemeiner Grundrechte in der institutionellen Interpretation, werden Mengen von Behördenverhalten genommen, so erhält man Grundrechte als liberal konzipierte Spielraumbeschränkungen öffentlicher Gewalt oder Aktiv- oder Teilhaberrechte der Bürger. Diese Begriffsbildung hat zwei Vorteile. Erstens wird eine einheitliche Struktur der Grundrechte herausgearbeitet, die es gestattet, unterschiedliche dogmatische Konzepte oder Funktionen von Grundrechten[15] als Variabilisierung des Individuenbereichs zu interpretieren, über denen Grundrechte definiert werden. Zweitens wird wissenschaftstheoretisch klargestellt, daß Grundrechte immer nur Vorzugsregeln, Präferenzordnungen sind, wodurch die gefährliche Neigung zur Reifikation, zur Hypostasierung von Wesenheiten vermindert werden kann. Im folgenden ist daher von Entscheidungen und Präferenzordnungen die Rede, gelegentlich synonym von Wertungen und Wertordnungen, nicht aber von Werten.

Eine besondere Rolle spielt in der Präferenztheorie der Begriff der rationalen Entscheidung. Eine Entscheidung heiße eine *rationale Entscheidung*, wenn sie die Bedingungen der Transitivität, der Asymmetrie und der Konnektivität erfüllt[16]. Transitivität bedeutet, daß immer

---

[13] *A. Podlech*, Werte und Wertungen im Recht, S. 196.

[14] Kritisch hierzu *Fr. Müller*, Juristische Methodik, Berlin 1971, S. 40 f.

[15] Vgl. dazu *E. W. Böckenförde*, Grundrechtstheorie und Grundrechtsinterpretation, in: Neue Juristische Wochenschrift, 27 (1974) S. 1529 - 1538.

[16] Vgl. dazu *K. J. Arrow*, Social Choice and Individual Values, S. 17 ff. Rationalität gesellschaftlicher Entscheidungen wird unter einem doppelten Aspekt problematisch. Intransitivität, Asymmetrie oder fehlende Konnektivität führen zur Inkonsistenz der herzustellenden sozialen Präferenzordnung. Fehlende Konsistenz jedoch führt zur Unberechenbarkeit staatlicher Eingriffe. Sie wird zu einem Problem des Rechtsstaates. *Rationalität und Konsistenz* ist daher das erste Thema der rechts- und staatstheoretischen Implikationen einer sozialen Präferenztheorie. Sind die Bedingungen möglicher Konsistenz nicht gegeben, kann die Entscheidung durch Zufall eine Lösung sein, wobei auch die jeweilige Machtkonstellation im Hinblick auf die zu entscheidenden Alternativen Zufall definieren kann. Die Zufall recht-

dann, wenn eine Alternative a einer Alternative b, und b einer dritten
Alternative c vorgezogen wird, dann auch a c vorgezogen wird. Asymmetrie bedeutet, daß niemals, wenn a b vorgezogen wird, auch b a
vorgezogen wird. Konnektivität schließlich bedeutet, daß von zwei
Alternativen immer feststeht, ob die eine der anderen vorgezogen
wird, oder ob sie beide gleich bewertet werden. Konnektivität bedeutet
also Vergleichbarkeit der Alternativen hinsichtlich ihrer Vorzugswürdigkeit. Eine Präferenzordnung, die durch eine rationale Entscheidung hergestellt wird, heiße eine *konsistente Präferenzordnung*. Die
Bedeutung der Transitivitätsbedingung ist in den Sozialwissenschaften
sehr umstritten[17]. Feststeht, daß die einzelnen Mitglieder der Gesellschaft in ihren persönlichen Wertordnungen nicht nur transitiv ordnen.
Für empirische Sozialwissenschaften ist daher die Forderung der
Transitivität zu stark: Es gibt nicht nur rationale Entscheidungen. Für
die Rechtstheorie darf man jedoch auf die Transitivitätsbedingung nicht
verzichten, da nur rationale Entscheidungen begründbar und durch sie
hergestellte konsistente Präferenzordnungen sozial verwirklichbar
sind. Hinter der Konnektivität[18] verbirgt sich das besonders für eine
Planungstheorie im Sozialbereich schwierige Problem der Prioritäten-
bildung. Subvention eines Laienorchesters ist wichtig und Anschaffung
eines neuen Röntgengeräts im Kreiskrankenhaus ebenfalls. Ein Problem der Planung besteht darin, beide Alternativen hinsichtlich der
Vorzugswürdigkeit vergleichbar zu machen. Die Problematik besteht
darin, daß zwar feststehen kann, ob ich einen Theater- einem Konzert-
besuch oder einen Kriminalfilm einem Heimatfilm vorziehe, daß damit
aber noch nicht entschieden ist, wie sich der Theaterbesuch zum Heimatfilm verhält.

Für jede Gesellschaft besteht das Hauptproblem darin, Präferenzordnungen herzustellen, die für die Mitglieder der Gesellschaft auch
dann verbindlich sind, wenn diese Präferenzordnungen mit den Präferenzordnungen der einzelnen Mitglieder nicht übereinstimmen. Solche
hergestellten Präferenzordnungen heißen *soziale Präferenzordnungen*
im Gegensatz zu den *individuellen Präferenzordnungen* der einzelnen
Mitglieder[19]. Einfache Lösungen dieses Problems sind diktierte oder

fertigende Prämisse lautet meist: Besser eine beliebige Ordnung als keine
Ordnung. Vgl. dazu *Bl. Pascal*, Peusées, Ed. Brunschvig, Paris 1951, Nr. 326.
Entscheidung durch Zufall führt jedoch zur Unmöglichkeit politischer
Kontrolle. Sie wird zu einem Problem der Demokratie. *Rationalität und
Zufall* ist daher das zweite Thema der rechts- und staatstheoretischen
Implikationen einer sozialen Präferenztheorie. Zu beiden Themen vgl.
W. Popp, *B. Schlink*, Rechts- und staatstheoretische Implikationen einer
sozialen Präferenztheorie, O.

[17] Vgl. dazu *N. Luhmann*, Zweckbegriff und Systemrationalität, Tübingen
1968, S. 22 ff.

[18] Vgl. dazu *S. Halldén*, The Logic of Nonsense, Uppsala, Leipzig 1949,
S. 45 ff., 105 ff.

oktroyierte soziale Präferenzordnungen. Eine soziale Präferenzordnung heiße dabei *diktiert*, wenn sie mit der individuellen Präferenzordnung eines ausgezeichneten Mitglieds der Gesellschaft, des Diktators, immer übereinstimmt. Eine soziale Präferenzordnung heiße *oktroyiert*, wenn ihre Auswahl erfolgt ohne Rücksicht darauf, ob Mitglieder der Gesellschaft sie als individuelle Präferenzordnung wählen oder nicht. Traditionelle oder religiöse Moralen oder unterworfenen Völkern oktroyierte Rechtsordnungen sind oktroyierte soziale Präferenzordnungen.

Demokratische Rechtsordnungen prätendieren, weder diktiert noch oktroyiert zu sein[20]. Demokratietheorien setzen voraus, daß es konsistente Entscheidungsverfahren gibt, die aus einer Menge unterschiedlicher individueller Präferenzordnungen eine konsistente soziale Präferenzordnung auswählen. In der Regel wird Abstimmung oder Wahl mit einfacher Mehrheit als ein solches Verfahren angesehen. Nun hat schon *Condorcet*, politisch und mathematisch gleich stark engagiert als Mitglied der Nationalversammlung während der Französischen Revolution erkannt, daß Abstimmungen und Wahlen das erwünschte konsistente Ergebnis nicht garantieren und diese seine Entdeckung in einem 1785 erschienenen Werk veröffentlicht: Essai sur l'application de l'analyse à la probabilité des décisions rendues à la pluralité des voix[21]. Zahllose Geschäftsordnungsdebatten und Kämpfe um Tagesordnungen haben ihren Grund in diesem mathematisch formulierbaren Sachverhalt, und bei den Abstimmungen zur Reform des § 218 des Strafgesetzbuches im Deutschen Bundestag[22] wurde jedermann die grundlegende Einsicht des Marquis de Condorcet deutlich, daß ein Abstimmungsergebnis von der Abstimmungsreihenfolge abhängen kann[23].

Wichtig ist nun die Einsicht, daß man zwar die Auswirkungen des Condorcetschen Abstimmungsparadoxons durch Verfahrenstricks an Verfahrensstellen rücken kann, an denen sie politisch nicht mehr bemerkt oder ungefährlich werden, daß aber das zugrunde liegende soziale Problem ungelöst bleibt. Meinungsumfragen und Plebiszite etwa

---

[19] Vgl. dazu *K. J. Arrow*, Social Choice and Individual Values, S. 22 ff.; *A. K. Sen*, Collective Choice and Social Welfare, S. 33 ff.; *J. M. Buchanan, G. Tullock*, The Calculus of Consent. Logical Foundations of Constitutional Democracy (1962), Michigan, Toronto 1967, S. 33 ff.

[20] Das Verhältnis der These, daß in einer Demokratie Gesichtspunkte und Wünsche der Bürger eine Rolle zu spielen haben, zur Präferenztheorie untersucht *Fr. Schick*, Democracy and Interdependent Preferences, in: Theory and Decision, 3 (1972/73) S. 55 - 75. Zur verfassungsdogmatischen Fassung des Gedankens vgl. *H. Meyer*, Das Parlamentarische Regierungssystem des Grundgesetzes, in: Veröffentlichungen der Vereinigung der Deutschen Staatsrechtslehrer, 33 (1975) S. 73 - 78.

[21] Vgl. dazu Fußnote 10.

[22] Vgl. dazu: Woche im Bundestag, 4 (1974) Nr. 8, S. 6.

[23] *Condorcet*, Essai sur l'application de l'analyse à la probabilité des décisions rendues à la pluralité des voix, S. LXI ff.

setzen formulierte Fragen voraus und das Ergebnis hängt unvermeidbar von der Formulierung der Fragen ab. Selbst unterstellt, alle Bürger seien in der Lage, in einem Feld politisch relevanter Alternativen ihre individuellen Präferenzordnungen zu formulieren, so ist dennoch die Frage in der Regel methodisch sinnlos, wie die Mehrheit das Feld der Alternativen strukturiert. Erst durch Fragestellungen — wir werden später sehen, durch Basiskonsens — strukturierte Felder politischer Alternativen gestatten methodisch korrekt die Frage nach der Präferenzordnung einer Mehrheit. *Condorcets* Entdeckung wurde nicht zur Kenntnis genommen — die Aufklärung ging zu Ende und die Romantik begann — obwohl er seiner nur für Mathematiker verständlichen Abhandlung eine 90 Seiten lange Einleitung vorangeschickt hatte, die alle wichtigen Punkte verständlich enthält: Ein Kabinettsstück staatstheoretisch-politologischer Literatur und zu Unrecht verschollen.

1951 veröffentlichte *Arrow*, unbeeinflußt durch Condorcet und ausgehend von der Diskussion der Wohlfahrtsökonomie das nach ihm benannte Theorem, das die Condorcetsche Entdeckung als Teilergebnis enthält, daß nämlich ein allgemein gültiges Verfahren zur Herstellung nicht diktierter und nicht oktroyierter sozialer Präferenzordnungen nicht existiert[24]. Das Arrowsche Theorem bedeutet das Ende der technokratischen Utopie, die meint, politische Entscheidungen durch Computer-Entscheidungen ersetzen zu können. Regeln zur Sozialgestaltung bedürfen immer der politischen Entscheidung, wobei das Verfahren der Mehrheitsentscheidung nur in den engen, von *Condorcet* formulierten Bedingungen als Entscheidungsverfahren in Frage kommt. Das nach Condorcet benannte Abstimmungs-Paradoxon bedeutet das Ende der fundamental-demokratischen Utopie, die meint, alle Entscheidungen durch Abstimmung der Betroffenen ersetzen zu können. Abgesehen von allen Argumenten politologischer Art etwa gegen eine Räte-Verfassung[25] folgt die Unmöglichkeit ihrer Verwirklichung aus mathe-

---

[24] *K. J. Arrow*, Social Choice and Individual Values, S. 59. Vgl. dazu *R. D. Luce, H. Raiffa*, Games and Decisions. Introduction and Critical Survey (1957), New York, London, Sidney 1967, S. 327 - 370; *Th. Iwand*, Ethische Systeme als Ordnungsbeziehungen, in: Ratio, 7 (1965) S. 136 - 152; *H. Hoernke*, Politische Entscheidung als Sozialwahl, in: Zeitschrift für die gesamte Staatswissenschaft, 127 (1971) S. 529 - 546; *A. Podlech*, Gehalt und Funktionen des allgemeinen verfassungsrechtlichen Gleichheitssatzes, Berlin 1971, S. 274 bis 279; *W. Popp, B. Schlink*, Präferenztheoretische Bedingungen einer sozialen Wertordnung, 1; *Fr. Scharpf*, Demokratietheorie zwischen Utopie und Anpassung, Konstanz 1970, S. 13 ff.; *W. Schmidt*, Organisierte Einwirkung auf die Verwaltung, S. 196 ff.

[25] Knapp ist der Rätegedanke und sein Verhältnis zur Weimarer Verfassung dargestellt bei *H. Heller*, Grundrechte und Grundpflichten (1924), in: *ders.*, Gesammelte Schriften, 2. Bd., Leiden 1971, S. 314 ff. Zur historischen Situation vgl. *P. von Oertzen*, Betriebsräte in der Novemberrevolution, Düsseldorf 1963. Zur heutigen Diskussion vgl. *E. Ertl*, Alle Macht den Räten?, Frankfurt/M. 1968; *W. Gottschalch*, Parlamentarismus und Rätedemokratie,

matisch formulierbaren Gründen, und man sieht an diesem Beispiel die Problemverlagerung, die sich ergibt, wenn logisch Unmögliches versucht wird: Aus dem Problem der Abstimmung über Sachfragen werden Kämpfe um rechte Mitgliedschaften: Ein Phänomen, das sich von den urchristlichen Gemeinden über Ordenskonvente und Zentralkomitees bis zu den heutigen Basisgruppen beobachten läßt. Das Kirchenrecht hatte für in der Entscheidungsfindung demokratisch organisierte Gremien, etwa Ordenskonvente, Domkapitel oder Kardinalskollegien den Topos der sanior pars zur Verfügung, die auch als Minderheit für die Entscheidung maßgeblich war[26] und als Bolschewiki hat dieser realisierte Topos weltgeschichtliche Bedeutung erlangt[26a].

Berlin 1968; *G. A. Ritter*, „Direkte Demokratie" und Rätewesen in Geschichte und Theorie, in: *E. K. Scheuch* (Hrsg.), Die Wiedertäufer der Wohlstandsgesellschaft, Köln 1968, S. 188 - 216; *Bermbach*, Rätegedanken versus Parlamentarismus, in: *W. Steffani* (Hrsg.), Parlamentarismus ohne Transparenz, 2. Aufl. Opladen 1973.

[26] Im Rahmen einer Theorie von Wahl- und Abstimmungsvorgängen sollte mehr als bisher das unerschöpfliche Material der Kanonistik ausgewertet werden. Vgl. etwa die Darstellung bei *O. v. Gierke*, Das deutsche Genossenschaftsrecht, 3. Bd., Nachdruck Darmstadt 1954, S. 312 ff. Der Ausdruck *sanior pars* wurde im Zusammenhang einer kanonischen Wahl zum ersten Mal verwendet in der Regula S. Benedicti (529), Beuron 1929 c. 64. Von hier gelangte der Ausdruck in das Decretum Gratiani (um 1150). Vgl. dazu *Corpus Juris Canonici*, c. 14 (Palea) D. 61; cc. 21 (Innocentius III.), 22 (idem), 29 (idem), 30 § 3 (idem), 32 (idem), 36 (idem), 42 (idem in Concilio Lateranense IV.), 55 (Gregorius IX.), 57 (Innocentius III.) X 1, 6 (de electione et electi potestate); cc. 5 (Alexander III.), 6 (Coelestinus III.) X 3, 10 (de his, quae fiunt a Praelato sine consensu Capituli); cc. 1 (Alexander III. in concilio Lateranense III.), 4 (Innocentius III.) X 3, 11 (de his, quae fiunt a majori parte Capituli); c. 29 (Bonifacius VIII.) VI⁰ 1, 6 (de electione et electi potestate); Conventio inter Pontificem Calixtum II. et Imperatorum Henricum V. de Investitura Episcoporum et Abbatum (*Wormser Konkordat* 1122), Professio Papae, § 1. Die sanioritas wird von der Glosse weiter erläutert. Vgl. *Goffredus Tranensis*, Summa super decretalibus, ed. Venedig 1584, zu X 3, 10, nr. 1: major pars est quae numerosior est; sed sicut in electione non sufficit partem esse majorem, nisi sit sanior, sic et in caeteris agendis ecclesiae requiritur major pars quoad numerum, sanior quoad zelum; *Archidiaconus Guido de Baysio*, Apparatus ad Decretum, ed. Venedig 1503, zu 11 D. 31: major pars est quae majori ratione et pietate ducitur. Die Feststellung der majoritas et sanioritas (später, wie die Glosse des Archidiaconus zeigt, zur majoritas zusammengezogen) wird *collatio* genannt und enthält ein Urteil über numerus, auctoritas (als den äußeren Ansehen von Wählern und Gewähltem), meritum (als den Verdiensten von Wählern und Gewähltem) und zelus (als den Wahlmotiven der Wählenden). Vgl. dazu c. 43 (Bonifacius VIII.) VI⁰ 1, 6 (de electione et electi potestate). Da die Collatio erneut in schwierige Probleme führt, wird später vermutet, daß die majoritas die sanitas impliziert. Vgl. dazu *Goffredus Tranensis*, loc. cit., Nr. 2. Bei einer Zweidrittelmehrheit gilt sogar eine unwiderlegliche Vermutung. Vgl. dazu c. 9 (Gregorius IX.) VI⁰ 1, 6. Für die Papstwahl ist daher dieses Quorum immer erforderlich und die zusätzliche Bedingung der sanioritas entfällt. Vgl. dazu c. 6 (Aleanxder III. in Concilio Lateranense III.) X 1, 6.

Das berühmte Lehrbuch des kanonischen Rechts, das den Corpus-Ausgaben als Anhang angebunden war, *G. P. Lancelotti*, Institutiones juris canonici, Perugia 1563, formuliert das Problem in lib. I, tit. 6, §§ 10 - 11, folgender-

Nun ist es nicht so, daß es unter keinen Umständen rationale Entscheidungen zur Herstellung konsistenter sozialer Präferenzordnungen gäbe. Ein wichtiges Problem betrifft daher die Frage, über welchen individuellen Präferenzordnungen sich konsistente soziale herstellen lassen. Es ist offensichtlich, daß etwa eine Einstellung eines Mitglieds einer Gesellschaft, die verlangt, daß seine und nur seine religiöse oder moralische Auffassung über ein soziales Problem berücksichtigt werden darf und es jedes Mittel zur Herbeiführung dieses Zustandes für gerechtfertigt hält, nicht zu einer konsistenten nicht diktierten sozialen Präferenzordnung verarbeitet werden kann. Dem Versuch, Mengen individueller Präferenzordnungen so zu reduzieren, daß rational soziale Präferenzordnungen erzeugbar sind, ist eine umfangreiche Literatur gewidmet[27]. Auf die Einzelheiten kann hier nicht eingegangen werden.

---

maßen: Quo facto collatione habita si demum censetur electus, in quem vel omnes, vel major et sanior pars Capituli statim consenserint. Quod si eligentium vota ita se diverserint, ut hinc quidem electorum pars numerosior consistat, inde minor, sed quae non minus ex authoritate eligentium, quam ex meritis electi sanior appareat, ad infringendam partis numerosior electionem facultas erit minori, et de authoritate ipsorum eligentium, et de meritis eorum qui electi fuerint, opponere. Über die Weiterentwicklung bis in die Neuzeit hinein orientiert *L. Engel*, Collegium universi Juris Canonici, Ed. 5, Salzburg 1700, lib. I, tit. 6, § 3, n. 38.

Von grundlegenderBedeutung ist der in seiner Bedeutung ähnlich strukturierte Ausdruck *valentior pars* für die Staatstheorie des *Marsilius von Padua*, Der Verteidiger des Friedens (Defensor pacis), hrsg. von *H. Kusch*, Darmstadt 1958, I c. 12 §§ 3 - 5, 8, c. 13 §§ 2, 4, 8, c. 15 §§ 2, 6; II c. 6 § 12, c. 20 § 2, c. 28 § 21; III c. 2 §§ 2, 6. Dieser Ausdruck meint im Gegensatz zu „pars amplior" nicht einfach zahlenmäßige Mehrheit. Vgl. dazu *H. Hofmann*, Repräsentation, Berlin 1974, S. 209 - 211.

Bereits eine Vorahnung ideologischer Manipulation des demokratischen Wahlrechts gibt es, wenn im Streit der Levellers mit *Cromwell J. Lilburne*, Legal Fundamental Liberties of the People of England (1649), in: *C. H. Firth* (Ed.), The Clark Papers, 2. Bd., London 1894, S. 257 f., die Wahlberechtigung the well-affected people vorenthalten will.

[26a] Die sanior pars des Kirchenrechts besitzt eine strukturelle Entsprechung in Gesellschaftsordnungen auf der Grundlage einer leninistischen Partei-Struktur, aber nicht die Ehrlichkeit eines entsprechenden Ausdrucks. Am ehesten entspricht ihr die Formulierung von der „Mehrheit des Volkes als politischem Begriff" bei *K. Sardow*, Die leninsche Strategie und Taktik des revolutionären Kampfes, in: Prawda vom 6. 8 .1975, „Für Lenin und Leninisten war die Unterstützung durch die Volksmehrheit ein erstes Gebot der Strategie und Taktik. Für sie war jedoch die Mehrheit des Volkes kein arithmetischer sondern ein politischer Begriff. Es geht um eine revolutionäre Mehrheit, die sich nicht nur aus den Ergebnissen von Wahlen repräsentativer Machtorgane herausbildet, sondern im Laufe der unmittelbaren revolutionären Aktionen der Volksmassen, dieser selbständigen politischen Aktivität." Der Aufsatz von Sardow stellt zum 70. Jahrestag eine Neuinterpretation dar von *W. I. Lenin*, Zwei Taktiken der Sozialdemokratie in der demokratischen Revolution (1905). Zum leninschen Konzept der Mehrheit des Volkes in dieser Arbeit vgl. *W. I. Lenin*, Ausgewählte Werke in sechs Bänden, hrsg. vom Institut für Marxismus-Leninismus beim ZK der SED, Frankfurt/M. 1970, 2. Band, S. 63, 174 f., 139, 142 ff., 148, 151.

[27] Vgl. Überblick bei *R. D. Luce, H. Raiffa*, Games and Decisions, S. 353 ff.

Bei diesem Versuch soll ein Reduktionsverfahren, das ein solches Ergebnis garantiert, um so besser genannt werden, je mehr individuelle Präferenzordnungen es zuläßt. Das beste bisher gefundene Reduktionsverfahren wird in der Literatur *Modell der Eingipfligkeit* genannt[28]. Sein Kriterium läßt sich grob etwa so formulieren: Gibt es eine ausgezeichnete individuelle Präferenzordnung, auf die die meisten Stimmen entfallen, und lassen sich alle anderen zugelassenen individuellen Präferenzordnungen so ordnen, daß ihre Bewertungen gegenüber der ausgezeichneten individuellen Präferenzordnung monoton abfallen, dann gibt es ein rationales Entscheidungsverfahren, das eine konsistente soziale Präferenzordnung erzeugt[29]. Abstimmungs- oder Wahlverfahren können dann solche Entscheidungsverfahren sein. Der Name „Modell der Eingipfligkeit" rührt daher, daß sich die konsistenten Fälle in einem Schaubild darstellen lassen, das bei der ausgezeichneten individuellen Präferenzordnung eine Spitze besitzt und sonst zwar Knicke im Schaubild vorkommen dürfen, aber keine weiteren Spitzen. Merkwürdigerweise ist bisher niemals versucht worden, Reduktionsverfahren zu finden, die maximal viel individuelle Präferenzordnungen zulassen, in einem wohl definierbaren Sinne also tolerant sind. Diese Forschungsstrategie ist erstmals angewandt worden von der von mir geleiteten Arbeitsgruppe *Recht und Mathematik* der Hochschulen Darmstadt/Heidelberg. Die jetzt vorzutragenden Ergebnisse und ihre Interpretation unter Konsensgesichtspunkten sind gefunden worden von meinen Mitarbeitern *W. Popp* und *B. Schlink*[30]. Das von ihnen gefundene *Modell der maximalen Toleranz*[31] ist durch zwei Bedingungen gekennzeichnet. Erstens soll es möglichst viele individuelle Präferenzordnungen zulassen und zweitens möglichst verschiedene. Eine Gesellschaft, die durch das Modell der maximalen Toleranz interpretierbar ist, läßt unter ihren Mitgliedern möglichst viele unterschiedliche Wertungen, also persönliche Einstellungen zu und möglichst gegensätzliche. Sie schränkt Zahl der Einstellungen und Extremität der Positionen nur

---

[28] *D. Black*, On the Rationale of Group Decision Making, in: Journal of Political Economy, 56 (1948) S. 23 - 24; *ders.*, The Decisions of a Committee using a Special Majority, in: Econometrica, 16 (1948) S. 245 - 261; *ders.*, The Elasticity of Committee Decisions with a Altering Size of Majority, in: ebd. S. 262 - 270.

[29] Vgl. dazu *W. Popp, B. Schlink*, Präferenztheoretische Bedingungen einer sozialen Wertordnung, 2.21.

[30] *W. Popp, B. Schlink*, Präferenztheoretische Bedingungen einer sozialen Wertordnung; *dies.*, Rechts- und staatstheoretische Implikationen einer sozialen Präferenztheorie.

[31] *Dies.*, Präferenztheoretische Bedingungen einer sozialen Wertordnung, 4. Zum Problem der Liberalität sozialer Präferenzordnungen vgl. *A. K. Sen*, Collective Choice and Social Welfare, S. 78 ff., 87 f. Zum Problem der Autonomiebelassung vgl. *R. N. Batra*, Pr. *K. Pattanaik*, On Some Suggestions for Having Non-binary Social Choice Functions, in: Theory and Decision, 3 (1973) S. 6 f.

insoweit ein, als zur Herstellung von Konsistenz unbedingt erforderlich
ist.

An dieser Stelle, an der das Problem des Konsenses in einer Gesellschaft bereits ungenannt greifbar wird, wollen wir zuerst einmal unabhängig von den bisherigen präferenztheoretischen Überlegungen
das Konsensproblem fixieren. „Konsens" heißt nach allgemeinem
Sprachgebrauch die Übereinstimmung von zwei oder mehr Personen in
ihren Wertungen, also ihren individuellen Präferenzordnungen. Korrekt ausgedrückt heißt dann *Konsens* diejenige Beziehung zwischen
Personen, die hinsichtlich gegebener Alternativenmengen dieselben
Entscheidungen treffen, also dieselben individuellen Präferenzordnungen besitzen. Dabei muß man beachten, daß der eingeführte Begriff der
Alternativenmenge so allgemein ist, daß auch Regeln, gemäß deren
Entscheidungen getroffen werden, also z. B. Moralen, ihrerseits Elemente von Alternativenmengen sein können. Historisch gesehen wird
für unseren Zusammenhang Konsens zum Problem, als Herrschaft in
der Theorie auf Zustimmung zurückgeführt wurde[32]. Die für die Neuzeit entscheidende Fassung des Zustimmungsgedankens ist dabei die
Konzeption des Gesellschaftsvertrages, wie sie uns wohl zum ersten
Mal im Investiturstreit um 1080 im Liber ad Gebehardum des Mönchs
Manegold von Lautenbach entgegentritt[33]. Für unsere Zwecke bedarf
es keiner historisch genauen Nachzeichnung dieser Konzeption[33a]. Es

---

[32] Vgl. dazu *J. M. Buchanan, G. Tullock,* The Calculus of Consent, S. 96.
[33] *Manegold von Lautenbach,* Liber ad Gebehardum, in: Monumenta
Germaniae Historica, Libelli de Lite Imperatorum et Pontificium seaculis
XI. et XII. conscripti, 1. Bd., Hannover 1891, S. 365. Vgl. dazu *G. Koch,*
Manegold von Lautenbach und die Lehre von der Volkssouveränität unter
Heinrich IV, Berlin 1902, S. 151.
[33a] Die Präzision des Vertragsgedankens durch den Konsensbegriff findet
statt während des letzten großen Kampfes des Papsttums mit den beginnen-
den Nationalstaaten und dem endenden Reich. So führt *Johannes von Paris,*
Tractatus de Potestate Regia et Papali (1303), cap. 24, in: *M. Goldast,*
Monarchia S. Romani Imperii, Vol. 2, Frankfurt 1614, Neudruck Graz 1960,
S. 145, die potestas zurück auf eine cooperatio humana per consensum electe
et eligentium. *Wilhelm von Ockham,* Dialogus (1328), Pars 3, Tract. 2, lib. 1,
cap. 27, in: ebd. S. 899 f., führt die Legitimität von Herrschaft (potestas) auf
Konsens zurück und beantwortet gleichzeitig die Frage, ob consensus
omnium erforderlich sei, dahingehend, daß die maior pars maßgeblich sei.
Genauer formuliert *ders.,* Breviloquium de principatu tyrannico (1342), lib. 4,
cap. 10, hrsg. von *R. Scholz,* Wilhelm von Ockham als politischer Denker,
Leipzig 1944, S. 161 f., als Legitimationsgründe von Herrschaft außer gerech-
tem Krieg und göttlicher Einsetzung den Konsens: verum et legitimum
imperium kann entstehen per consensum liberum et spontaneum populorum
voluntarie subdentium. Für die Revolutionstheorie interessant ist die von
ihm erörterte Frage, ob und wann illegitime Herrschaft durch Konsens zur
legitimen wird. Obwohl er die normative Kraft des Faktischen ebd. cap. 9
(S. 159) unter Berufung auf Corpus Juris Canonici, c. 25, C. 1, q. 1, ablehnt,
hält er diesen Umschlag für möglich, fügt aber skeptisch hinzu (ebd. cap. 10
[S. 160]): Sed quando et qualiter incepit imperium esse legitimum atque
verum, non est facile per certitudinem diffinire, et forte solus Deus novit
et quibus revelavit: Es fehlt das Entscheidungsverfahren.

reichen einige Zitate aus, um das Problem zu verdeutlichen. So schreibt *Locke* im Second Treatise of Government, daß zur Erreichung des hauptsächlichen Zieles des staatlichen Zusammenschlusses, nämlich des Schutzes von Eigentum, erforderlich ist ein Gesetz als Kriterium für Recht und Unrecht, das eingeführt und anerkannt ist mit allgemeiner Zustimmung, bei common consent[34]. Dieser Konsens-Gedanke zieht sich durch *Lockes* Abhandlung wie ein roter Faden. Gesetze werden zu Gesetzen erst durch die Zustimmung der Gesellschaft, the consent of the society[35]. Wir wollen hier nicht untersuchen, wer Subjekt des Konsenses bei *Locke* ist und worauf er sich erstrecken muß. Jedenfalls verdecken die zitierten Formulierungen ein Problem, das von den einen soziale Frage, von den anderen Klassengegensatz genannt wurde und dessen Entstehung von den Theoretikern der bürgerlichen Gesellschaft durchaus gesehen wurde, besonders auch von *Locke* in seinen Considerations of the Consequences of Interest and the Raising of the Value of Money, worauf in letzter Zeit besonders *Macphaerson* hingewiesen hat[36]. Wenn *Hobbes* im Behemoth schreibt, daß die Kaufleute der großen Städte die Armen zwingen, ihnen ihre Arbeit zu Preisen zu verkaufen, die es leichter machten, den Lebensunterhalt in einem Zuchthaus zu erwerben, anstatt durch Spinnen und Weben[37], so ist kaum anzunehmen, daß diese Mitglieder der Gesellschaft eine solche Gesellschaftsordnung definierenden Gesetzen als common measure to decide all controversis, ihre individuelle Zustimmung gegeben hätten. Dieses Problem der für den Konsens maßgeblichen Gruppen oder Klassen einer Gesellschaft, das hier nur mit diesem einen Zitat beleuchtet werden sollte, indiziert ein allgemeines Problem, dessen korrekte Fassung erst die Präferenztheorie gestattet. Historisch ist es als Gegensatz zwischen der individuellen und der generellen Anerkennungstheorie greifbar[38]. 1813 hat *Karl Theodor Welcker* in seinen Letzten Gründen von Recht, Staat und Strafe die individuelle Anerkennungstheorie so formuliert, daß Anerkennung und Einwilligung nicht bloß der Idee nach vorausgesetzt,

---

Wieder eine neue Stufe wird erreicht, wenn *J. Althusius*, Politica methodice digesta (1603), 3. Aufl. Herborn 1614, Neudruck Aalen 1961, Konsens zur Grundlage von Verfassung (jus regni sive jus majestatis) macht. Zum Begriff des jus regni vgl. ebd. cap. 9, §§ 12 - 15. Zum Konsens als Grundlage ebd. cap. 3, § 1, cap. 9, § 7.

[34] *J. Locke*, The Second Treatise of Government (1689), Ed. *Th. Plardon*, New York 1952, § 124.

[35] Ebd. § 134.

[36] *C. B. Macpherson*, Die politische Theorie des Besitzindividualismus von Hobbes bis Locke (1962), Frankfurt/M 1967, S. 250 ff.

[37] *Th. Hobbes*, Behemoth, The History of the Causes of Civil Wars in England, in: ders., The English Works, Ed. *W. Molesworth*, 6. Bd., Neudruck Aalen 1962, S. 320.

[38] Vgl. dazu *H. Welzel*, An den Grenzen des Rechts, Die Frage nach der Rechtsgeltung, Köln, Opladen 1966, S. 7 ff.

sondern jederzeit „mit Gewißheit sich als Grundbedingung des Rechts nachweisen lassen"[39] müsse. Später ist diese individuelle Anerkennungstheorie in psychologischer Fassung von *Bierling* und *Laun* vertreten worden. Auf die Schwierigkeiten, die sich aus dieser Theorie ergeben, brauche ich hier nicht einzugehen. Die Anerkennungstheorie wird heute in der Regel in der generellen Fassung vertreten, wie sie wohl 1858 von dem Lübecker Jurist *Bremer* begründet und von *Jellinek, Bülow* und *Merkel* vertreten wurde. Schließlich hat 1907 *Max Weber* durch *seine* Fassung der empirischen Geltung einer Rechtsregel der generellen Anerkennungstheorie eine für soziologische Untersuchungen geeignete Fassung gegeben[40]. Probleme, die die Soziologie und die Politologie im Anschluß an diese Fassung untersucht haben, betreffen Fragen, wie nach dem Umfang des Konsensbedarfs einer stabilen Gesellschaft, nach der Ersetzbarkeit von Konsens durch funktional äquivalente Mittel und nach dem Umfang, in dem in einer Gesellschaft faktischer Konsens durch möglichen Konsens fiktiv ersetzt werden kann, die Gesellschaft also so auf Konsens-Kredit leben kann, wie sie es auf Geld-Kredit tut[41]. In diesen Untersuchungen entgleitet das Konsens-Problem allerdings der staats- und rechtstheoretischen Diskussionsfähigkeit. Insbesondere die Stelle des Konsens-Problems in einer möglichen Demokratie-Theorie bleibt undeutlich.

Um diese Stelle angeben zu können, sei noch einmal ein wichtiger Gesichtspunkt der Gesellschafts-Vertrags-Diskussion hervorgehoben. Schließen die einzelnen einen Gesellschafts-Vertrag, so ist vollständiger Konsens erforderlich, also die Zustimmung aller Mitglieder der Gesellschaft[42]. Wird, wie in der *Lockeschen* Konzeption der Repräsentation,

---

[39] *C. Th. Welker,* Die letzten Gründe von Recht, Staat und Strafe, philosophisch und nach den Gesetzen der merkwürdigsten Völker rechtshistorisch entwickelt, Gießen 1813, S. 81. Die Stelle handelt von der Enstehung des Rechtsstaates. Fehlt die konkrete Einwilligung und würde sie durch die Idee der Einwilligung ersetzt, so seien die „Menschen bloß in der Idee der Philosophen frei, in ihrer eigenen und der Wirklichkeit aber Sklaven. ... Nur das durch Einwilligung aller, vermittelst des Grades der Kultur der Bürger und der Rechtsidee zur Realität gekommene objektive Recht ist das allein gültige, und aus seiner Natur müssen alle einzelnen Folgen abgeleitet, und dabei stets auf Anerkennung oder Einwilligung aller gegründet werden." Ebd. S. 81 f.

[40] *M. Weber,* R. Stammlers „Überwindung" der materialistischen Geschichtsauffassung (1907), in: *ders.,* Gesammelte Aufsätze zur Wissenschaftslehre, S. 346 ff. Die zweite Linie der Entwicklung des Konsens-Problems im Normativ-Bereich geht ebenfalls auf *M. Weber* zurück, und zwar auf seinen Begriff des *Einverständnisses.* Vgl. dazu *ders.,* Über einige Kategorien der verstehenden Soziologie (1913), in: a.a.O., S. 456 f. Diese Erwartungsstruktur führt bei *N. Luhmann* zur Definition der Normativität als kontrafaktisch stabilisierte Erwartung von Erwartungen. Vgl. *ders.,* Rechtssoziologie, 1. Bd., Reinbeck 1972, S. 40 ff. Mit dem Konsens über Entscheidungen hat diese Fassung nichts mehr zu tun.

[41] Vgl. dazu *N. Luhmann,* Rechtssoziologie, 1. Bd., S. 67 f.

durch einen Vertrag die Kompetenz zur Regelproduktion einem Gremium übertragen, dessen Legitimation sich vom Konsens der Mitglieder der Gesellschaft herleitet, tritt eine stufenweise Konsensver-
dünnung ein. *Die* Entscheidung, die die grundlegende Ordnung der
Gesellschaft festlegt, bedarf eines einstimmigen Konsenses der Mitglieder der Gesellschaft[43]. Die Konstituierung des Entscheidungsgre-
miums, etwa eines Parlaments, bedarf des Konsenses einer Mehrheit
der Mitglieder der Gesellschaft[44]. Dieses Gremium kann Entscheidungen fällen, die zwar des Konsenses einer Mehrheit *seiner* Mitglieder,
nicht aber des Konsenses einer Mehrheit der Mitglieder der Gesellschaft bedarf. Ein Parlament darf und kann die Todesstrafe abschaffen[45], auch wenn die Mehrheit der Bevölkerung sie bejaht. Sieyès hat
diese Konsens-Struktur 1796 so beschrieben: „La confiance vient d'en
bas, l'autorité vient d'en haut[46]." Hier sei der Vollständigkeit halber
nur noch erwähnt, daß die praktische Durchführung des imperativen
Mandats[47] an denselben mathematisch formulierbaren Bedingungen
scheitert, an denen das Rätesystem scheitern muß. Bei der Entscheidung
für die grundlegende Ordnung einer Gesellschaft darf dabei nicht
allein auf die *formelle* grundlegende Ordnung abgestellt werden, also
auf die Verfahrensordnung, der entsprechend die abgeleiteten Entscheidungen sich vollziehen sollen[48]. Vielmehr enthält jede grundlegende Ordnung eine inhaltliche Entscheidung für oder gegen politische
Alternativen. Für *Hobbes* war dies die Sicherung des Lebens der einzelnen mit der Rechtsfolge, daß eine Rechtspflicht zum Einsatz des
eigenen Lebens nicht besteht, eine Wehrpflicht also gegenüber Aus-
wanderungswilligen nicht durchgesetzt werden durfte[49]. Für *Locke*
war es die Sicherung des Eigentums mit der Rechtsfolge, daß Gesetze
zum Eingriff in Eigentumsverhältnisse des Konsenses der Eigentümer

---

[42] So *J. Locke*, The Second Treatise of Government, § 96. *Th. Hobbes*, De
Cive, in: *ders.*, Opera philosophica quae latine scripsit, *Ed. W. Molesworth*,
2. Bd., Nachdruck Aalen 1961, 5. Kapitel, § 7, läßt für die staatsgründende
Versammlung das Mehrheitsprinzip zu.

[43] *J. Locke*, The Second Treatise of Government, § 96.

[44] Ebd. §§ 96 ff., 140, 154, 158.

[45] Dazu, daß es sie abschaffen sollte, vgl. *Condorcet*, Essai sur l'application
de l'analyse à la probabilité des décisions rendues à la pluralité des voix,
S. CXXVI; *W. Popp*, Soziale Mathematik der Mehrheitsentscheidung, 2.36.

[46] Zitiert nach *P. Bastid*, Sieyès et sa pensée. 2. Aufl. Paris 1970, S. 401.

[47] Zu seinen Formen und seiner Herkunft vgl. *Chr. Müller*, Das imperative
Mandat. Überlegungen zur Lehre von der Repräsentation des Volkes, Leiden
1966.

[48] Vgl. dazu *J. M. Buchanan, G. Tullock*, The Calculus of Consent, S. 5 ff.
Auf den Unterschied zwischen „ways of decision handling" and „ways of
interest articulation" hat die Zweistufigkeit abgestellt *H. Eulan*, Logics of
Rationality in Unanimous Decision-Making, in: *C. J. Friedrich* (Hrsg.),
Rational Decision, New York 1964, S. 26 - 64.

[49] *Th. Hobbes*, De Cive, 6. Kapitel, § 1.

bedurften[50]. Konsens über solche grundlegenden politischen Alternativen kann man als *Basiskonsens* bezeichnen, den abgeleiteten und verdünnbaren Konsens *Einzelkonsens*[51]. Die Unterscheidung zwischen Basiskonsens und Einzelkonsens ist auch für die Präferenztheorie grundlegend. Eine realistische Betrachtung gesellschaftlicher Verhältnisse muß dabei allerdings im Gegensatz zur frühbürgerlichen Vertragstheorie davon ausgehen, daß Herstellung von Basiskonsens kein einmaliger Vorgang ist und die Kontroversen, auf die er sich beziehen kann, nicht fixiert sind. Selbst grundlegende Verfassungsentscheidungen fixieren nichts, sondern definieren in den Grenzen variable Interpretationsspielräume: Unsere freiheitliche demokratische Grundordnung des Jahres 1975 ist nicht mehr die des Jahres 1949.

Wie läßt sich der bisher undefiniert verwendete Ausdruck „Basiskonsens" präferenztheoretisch korrekt einführen? Wir hatten gesehen, daß bei der Zulassung beliebiger individueller Präferenzordnungen Rationalität einer sozialen Entscheidung und damit Konsistenz ihres Ergebnisses nicht gewährleistet sind. Aus der Menge möglicher individueller Präferenzordnungen über einer gegebenen Alternativenmenge muß eine Teilmenge individueller Präferenzordnungen als unzulässig ausgesondert werden. Dieser Vorgang, der aus einer Menge möglicher individueller Präferenzordnungen über einer gegebenen Alternativenmenge eine Teilmenge derart aussondert, daß eine soziale Entscheidung über der Restmenge zugelassener individueller Präferenzordnungen immer rational ist, heiße *Reduktion*. Über die ausgesonderten individuellen Präferenzordnungen darf erst gar nicht mehr abgestimmt werden. Als Beispiel mag eine vom Bundesverfassungsgericht verbotene Partei und ihre Vorstellungen von der Ordnung der Gesellschaft dienen. Das Modell der maximalen Toleranz stellt an die Reduktion die Forderung, daß die Menge nicht zugelassener individueller Präferenzordnungen minimal klein ist. Nur solche individuellen Präferenzordnungen dürfen ausgeschlossen werden, deren Zulassung die Gefahr inkonsistenter Entscheidungen bedingt. *Basiskonsens* in einer Gesellschaft und hinsichtlich einer gegebenen Alternativenmenge heiße der Konsens über die *Reduktion*, d. h. derjenige Konsens, der über die Menge der unzulässigen individuellen Präferenzordnungen besteht. *Einzelkonsens* in einer Gesellschaft und hinsichtlich einer gegebenen Alternativenmenge heiße der Konsens über *die* Entscheidung, die aus

---

[50] *J. Locke*, The Second Treatise of Government, § 138.
[51] Zur Zweistufigkeit der Entscheidung vgl. auch *J. M. Buchanan, G. Tullock*, The Calculus of Consent, S. 250 ff.; *Fr. Scharpf*, Demokratietheorie zwischen Utopie und Anpassung, Konstanz 1970, S. 12 ff. Zur Systematik vgl. *G. Gäfgen*, Theorie der wirtschaftlichen Entscheidung. Untersuchungen zur Logik und Bedeutung des rationalen Handelns, 3. Aufl. Tübingen 1974, S. 413 - 460. Zur Bedeutung von Verfassungen in diesem Problemkontext vgl. ebd. S. 456 ff.

der Menge zugelassener individueller Präferenzordnungen eine soziale Präferenzordnung auszeichnet. Basiskonsens hat die gesellschaftliche Funktion, konsistente Entscheidungen zu ermöglichen, Einzelkonsens die gesellschaftliche Funktion, Ordnungen der Gesellschaft in demokratisch legitimierten Verfahren herbeizuführen.

Zwischen Basiskonsens und Einzelkonsens besteht ein grundlegender Unterschied[52]. Das Bestehen oder Nicht-Bestehen von Einzelkonsens läßt sich in formalisierten, also an wohl definierte Rollen gebundenen Verfahren ermitteln, Basiskonsens nicht. Solche formalisierten Verfahren sind etwa Wahlen und Abstimmungen. Warum Entscheidungsverfahren über Basiskonsens *nicht* formalisierbar sind, kann ich hier nur andeuten. Erstens ist nicht gewährleistet, daß bei Entscheidungen über *Mengen* von Alternativenmengen anstatt über Alternativenmengen dasselbe Inkonsistenzproblem des Arrow-Theorems nicht wieder auftritt. Zweitens wäre Gesellschaft überfordert, sollte sie neben den gesellschaftlichen Ordnungen *definierenden* Entscheidungen noch solche Entscheidungen *ermöglichende* Entscheidungen treffen. Basiskonsens wird auf andere, informelle Weise gefunden. Unter der Wirkung suggestiver Gesichtspunkte wird das Feld möglicher Alternativen strukturiert und Orientierung, rationale Entscheidung ermöglicht[53]. Schon aussageschwache politische Dichotomien wie „links-rechts" „konservativ-progressiv", „revolutionär-reformistisch" ordnen das Feld möglicher Alternativen in ein Kontinuum, innerhalb dessen einzelne den Standort bestimmen und Konsens über ihren Standort artikulieren können. Aber auch der Kampf um eine neue Mitte ist ein Kampf um einen in diesem Sinne entscheidenden Gesichtspunkt. Basiskonsens betrifft den Konsens über den entscheidenden Gesichtspunkt, Einzelkonsens über die Stellungnahme zu Alternativen unter eben dem entscheidenden Gesichtspunkt. Konflikte, die Gesellschaft bis in die Wurzeln spalten, sind solche um entscheidende Gesichtspunkte. Ob in den konfessionellen Bürgerkriegen die richtige Religion oder die eine Friedenschance gewährende Souveränität des Königs entscheidender Gesichtspunkt sei, darum entbrannte ein ebenso heftiger Streit wie um die den Einzelkonsens betreffenden Probleme katholisch-lutherisch oder Rechte des Königs — Rechte der Stände. Heutige Gesichtspunkte, die Felder möglicher politischer Handlungsalternativen umzustrukturieren in der Lage sind, sind etwa durch die Frage gekennzeichnet, ob mehr Reformen oder mehr Sicherheit der entscheidende Gesichtspunkt sei[54].

---

[52] Zum folgenden vgl. W. *Popp*, B. *Schlink*, Rechts- und staatstheoretische Implikationen einer sozialen Präferenztheorie, 1.1.

[53] Zum folgenden ebd. 3.1.

[54] Vgl. ebd. 1.1.

Die präferenztheoretisch korrekte Formulierung solcher politischer Probleme kann ich hier nicht versuchen. Für eine mögliche Demokratie-Theorie von großer Bedeutung aber ist ein Ergebnis unserer Forschungen, das ich hier wenigstens in seiner Auswirkung kurz skizzieren möchte. Ich hatte vorhin kurz ausgeführt, daß in der bisherigen Diskussion um das Arrow-Theorem das beste Modell zur Reduktion der Menge zugelassener individueller Präferenzordnungen das der Eingipfligkeit war. Erst das Modell der maximalen Toleranz ist optimal gut in dem Sinne, daß es die meisten und verschiedensten individuellen Präferenzordnungen unter den Bedingungen der Konsistenz zuläßt. Der für eine mögliche Demokratie-Theorie grundlegende Unterschied ist nun der, daß das Modell der Eingipfligkeit mathematisch symmetrisch, das der maximalen Toleranz asymmetrisch ist[55]. Interpretiert man die mathematischen Modelle sozialwissenschaftlich, so ist Symmetrie als Neutralität, Asymmetrie als Tendenz zu interpretieren. Das Modell der Eingipfligkeit bevorzugt oder benachteiligt inhaltlich keine individuellen Präferenzordnungen. Es sondert unzulässige individuelle Präferenzordnungen sozusagen statistisch, unvoreingenommen aus. Politisch gesprochen — die Reduktion trifft einmal rechte, einmal linke, einmal mittlere Positionen. Das Modell garantiert formale Chancengleichheit: Niemand darf wegen seiner politischen Ansichten bevorzugt oder benachteiligt werden. Das Modell der maximalen Toleranz ist tendenziell. Es läßt zwar insgesamt mehr Alternativen zu als das Modell der Eingipfligkeit und schränkt auch die Verschiedenheit der Alternativen nicht mehr ein, als unbedingt erforderlich, also jedenfalls nicht mehr als das Modell der Eingipfligkeit. Es bevorzugt aber dennoch inhaltlich definierte Tendenzen. Der mathematische Beweis kann hier nicht geführt werden. Das Ergebnis ist aber auch intuitiv verständlich. Geht man von einer durch das Modell der Eingipfligkeit zugelassenen Menge individueller Präferenzordnungen aus, deren Festlegung inhaltlich unvoreingenommen erfolgte, so wird dem Modell der maximalen Toleranz Konsistenz der Erweiterung der Menge zugelassener individueller Präferenzordnungen dadurch ermöglicht, daß die Erweiterung nur in einer bestimmten Richtung auf dem Kontinuum erfolgt, das durch den entscheidenden Gesichtspunkt definiert worden ist. Dieses Ergebnis der Präferenztheorie kann als formal korrekte Fassung des bekannten politischen Schlagwortes betrachtet werden: Toleranz ist immer repressiv. Auch demokratisch organisierte Entscheidungsverfahren können nicht alle und auch nicht beliebig ausgewählte Alternativen zu ihren Entscheidungen zulassen.

Ich komme zum Schluß. Ich hoffe, daß die Fremdartigkeit meiner Darstellungsweise Sie nicht befremdet hat. Sie war bereits ein Kom-

---

[55] *Dies.*, ebd. 2.1.

promiß zwischen der dem Thema adäquaten Sprache und den Anforderungen der Verständlichkeit. Ehe ich ende, möchte ich noch ein mögliches Mißverständnis ausräumen und ein damit zusammenhängendes Problem skizzieren, dessen neuerliche Bearbeitung aufgrund der von uns formulierten Ergebnisse rechtliche und politische Relevanz verspricht.

Das Mißverständnis könnte darin liegen, daß ich der Auffassung wäre, die gegenwärtigen Forderungen nach weiterer Demokratisierung der Gesellschaft[56] würden am Arrow-Theorem scheitern. Eine solche konservative Argumentationsstrategie wird von mir nicht vertreten und sie kann sich auch nicht auf die Präferenztheorie stützen. Diese zeigt uns nur, daß der Spielraum möglicher politischer Lösungen im Dreieck logisch Mögliches — sozial Erforderliches — politisch Durchsetzbares kleiner ist, als wir, noch immer im Sieyesschen Vertrauen[57] auf institutionelle politische Lösungen befangen, intuitiv wahrhaben wollen. Das Problem des sozial Erforderlichen besteht nämlich darin, daß moderne Gesellschaften einen Bedarf an Entscheidungskapazität besitzen, der von der klassischen repräsentativen Demokratie auf der Grundlage der Gewaltenteilung als Kontrollmechanismus nicht mehr befriedigt werden kann. Insbesondere der für Planungsprozesse erforderliche Konsensbedarf kann in den klassischen verwaltungsrechtlichen Verfahren nicht mehr beschafft werden, ja, die klassischen demokratischen Verfahren stellen nicht einmal mehr genügend empfindliche Seismographen zur Feststellung von Konsensänderungen in der Gesellschaft zur Verfügung[58]. Forderungen nach Räteverfassung und imperativem Mandat sind Antworten auf diese Situation— Antworten, die m. E. bereits aus methodischen und nicht erst aus verfassungsrechtlichen Gründen unzulänglich sind. Meine Warnung vor einem möglichen Mißverständnis geht dahin, sich bei der einen oder der anderen der Unzulänglichkeiten zu beruhigen, anstatt die Ursache des Problems zu diagnostizieren, für das Rätesystem und imperatives Mandat Lösungen sein wollen.

Damit komme ich zur positiven Seite meiner Schlußbemerkung. Versuche, rechtliche Planungsverfahren, etwa im Städtebau oder der Energiewirtschaft aufgrund des Arrow-Theorems neu zu durchdenken und demokratiefreundliche Lösungen zu suchen, stehen erst ganz im Anfang. Formal unterliegen alle diese Verfahren der Arrowschen Problemstellung: Gesucht werden Lösungen als konsistente soziale

---

[56] Vgl. dazu *W. Schmidt*, Organisierte Einwirkungen auf die Verwaltung, S. 210 ff.

[57] Vgl. dazu *P. Bastid*, Sieyès et sa pensée, S. 401 ff.

[58] Vgl. dazu *Fr. Scharpf*, Demokratietheorie zwischen Utopie und Anpassung, S. 54 ff., 66 ff.

Präferenzordnungen, die die Präferenzordnungen der Beteiligten maximal berücksichtigen, wobei man die überindividuellen Rahmenbedingungen wiederum als Präferenzordnung formulieren kann. Institutionalisierte rechtliche Verfahren im Planungsbereich besitzen eine Chance sozial erwünschten Funktionierens nur, wenn ihre Funktionsfähigkeit am Arrow-Theorem überprüft wurde. Da das Arrow-Theorem den Spielraum des Möglichen drastischer einschränkt, als unsere Intuition in sozial komplexe Sachverhalte zugeben mag, ist schon eine mathematische Analyse nötig. Wer in Zukunft rechtliche Entscheidungsverfahren auf ihre soziale Funktionsfähigkeit hin untersuchen will, kommt mit der Intuition nicht mehr aus. Das Sieyessche Vertrauen in institutionelle politische Lösungen ist demokratisch nur in dem Umfang gerechtfertigt, in dem es den Condorcetschen Konsistenztest bestanden hat. Erst die mathematisch formulierte Präferenz- und Entscheidungstheorie kann uns *die* Spielräume zeigen, innerhalb deren gesellschaftliche Demokratisierungsmodelle zu verwirklichen sind. Hier bin ich der Überzeugung, daß trotz des Arrow-Theorems solche noch ungenützten Spielräume bestehen. Ob in ihnen Demokratisierungsmodelle verwirklicht werden, hängt vom Basiskonsens einer Gesellschaft ab, den sie für die dann notwendigen Änderungen ihrer Struktur aufzubringen in der Lage ist. Da die große entgegenstehende Alternative nur die ist, den kühnen europäischen Gedanken der beginnenden Neuzeit aufzugeben, der die Legitimation von Herrschaft auf Konsens stützte, besteht unsere Hoffnung darin, daß wir diese Alternative zwischen demokratischen und diktierten Entscheidungen unter dem Druck der Entscheidungskomplexität moderner Gesellschaften erkennen, und daß unsere Gesellschaft die zur Aufrechterhaltung demokratischer Entscheidungsverfahren erforderlichen Änderungen ihrer Gesellschaftsstruktur wage.

Bericht über die Diskussion
zu dem Referat von Adalbert Podlech

(H. Schmitz, Kiel:) Es sei zu prüfen, ob nicht das Konnexitätspostulat fallengelassen werden müsse, um überhaupt einen Toleranzbegriff einführen zu können. Wenn die übergeordnete Präferenzordnung konnex sein solle, also immer die Wahl bezüglich jeder formulierbaren Alternative vorzeichnen solle, müsse sie aus logischen Gründen absolut intolerant sein.

Es handele sich nicht um die Integration aller einzelnen Ordnungen in eine übergeordnete Ordnung, sondern man sei mit dem toleranten Ganzen zwar eine Stufe höher, aber nicht bei einer integrierenden, ganzheitlichen Präferenzordnung, sondern bei etwas anderem, beim Konzert vieler Präferenzordnungen.

(A. Podlech, Darmstadt:) Die Konnexität werde über Alternativenmengen definiert, das Toleranzmodell dagegen über Präferenzordnungen. Da sich das Toleranzmodell nicht auf Alternativenmengen, sondern auf von Individuen vorgelegte Ordnungen solcher Alternativen beziehe, stehe es logisch in der Systemhierarchie der Prädikate eine Stufe höher, so daß deshalb keine Inkonsistenz auftreten könne.

(H. Schmitz, Kiel:) Als Folge der Transitivitätsforderung bei dem formulierten Toleranzbegriff trete an die Stelle der Tyrannei der Werte die Tyrannei der Ratio. Wenn alle irgendwie integrierten individuellen Präferenzordnungen transitiv sein sollen, bedeute das eine erhebliche Einschränkung des Spontanen, des Launischen. Es werde sich auf Dauer nicht nur eine Tyrannei der Ratio, sondern auch eine Tyrannei der Tradition zeigen; denn wenn sich die Transitivität erproben solle, sei das nur in einer Reihe zeitlich folgender, sukzessiver Entscheidungen möglich, und das bedeute, daß das zugrundegelegte Modell über längere Zeit beibehalten werden müsse, eine Umgestaltung schwierig sein würde, wenn auch die Konsistenzforderung zu beachten sei. Das widerspreche aber den Aufgaben des Richters, der im Brennpunkt zweier antinomischer regulativer Prinzipien stehe: Einmal müsse er bei seinen Entscheidungen auf Konsistenz und Transitivität ausgehen, er müsse aber auch anpassungsfähig sein, also auf Inkonsistenz ausgehen. Die Transitivitätsforderung dränge ihn in eine Richtung, so daß von Toleranz am Ende nur noch auf dem Papier die Rede sei.

(A. Podlech, Darmstadt:) Nur im Bereich rechtlicher Entscheidungen
sei Transitivität und Konnexität zu verlangen. Nicht dagegen in dem
Spielraum, der etwa grundrechtlich garantiert sei. Aber gerade im
Rechtsbereich zeige sich die Folge der Transitivität, die Schwerfällig-
keit der Abänderung. Die Rechtsordnung selbst stelle Verfahrensregeln
auf, um vorhandene, weil unvermeidbare Intransitivitäten auszuschal-
ten. Wolle man das Transitivitätspostulat aufheben, sei eine Entscheidung getroffen, die sich nicht durchhalten lasse.

(G. Jakobs, Kiel:) Es frage sich, wie eigentlich die möglichst große
Zahl von Präferenzsystemen festzustellen sei. Das hänge doch davon ab,
was an Alternativen formulierbar sei, und damit gehe es letztlich
darum, was demjenigen, der sich den Spielraum im System vorstelle,
in seiner Phantasie an Details einfalle. Hier möglichst viele oder
möglichst wenige individuelle Präferenzen zu finden, sei eine Frage
der Kunst der ausführlichen Beschreibung des gebliebenen Freiheits-
raumes und der Bewertung seiner Weite nach einem nicht offengelegten
Vorverständnis.

(H.-L. Schreiber, Göttingen:) In dem Begriff der abzählbaren oder
festzustellenden individuellen Präferenzen stecke noch einiges an
Kryptowertungen oder Kryptoentscheidungen, die vorgeben, was individuelle Präferenzen seien, die aber nicht genannt würden.

(A. Podlech, Darmstadt:) Die Frage des möglichen Wertvorverständ-
nisses bei der Auswahl der Alternativen sei nicht eliminiert; denn die
Realisierung eines Modells hänge auch von der wissenschaftlichen
Methode ab. So sei etwa bei der Formulierung der Alternativenmengen
über Parteiprogramme jeweils ein Zeitindex festzusetzen, und allein
schon die zeitliche Fixierung historischer Prozesse bedeute eine wesentliche Restriktion. Die Probleme, die dadurch entstünden, seien wieder
in der vorgetragenen Begriffsapparatur beschreibbar: Die Vorgehens-
weisen bei der Formulierung von Präferenzen könnten als Alternativen
aufgefaßt werden und man könne nun diskutieren, welches dieser
Vorgehen in der Beschreibungsart konsistent wäre.

Hier würden die Alternativen allerdings als unzerlegbare Entitäten
genommen. Im sozialen Bereich sei aber jede Alternative aus Alternativen zusammengesetzt, und das rechtstheoretische Problem, das
dahinter stehe, sei, ob es „Alternativenatome" gebe. Wie die Sprach-
wissenschaft zeige, gebe es natürliche Atome dieser Art nicht. Weder
im Aussagenbereich noch im Wertungsbereich ließen sich sprachliche
Sätze nachweisen, die naturgegeben die kleinsten Entitäten dessen,
worüber man spreche, enthielten. Keine Sprache lasse sich derart aus-
zeichnen, daß sie die Umwelt in Atome zerlegen könne, daß man aus

ihnen alles andere zusammensetzen könne und daß diese Basis eindeutig sei.

In praktischen Situationen habe man aber keine unendliche Anzahl von Alternativen, so daß man sich für den rechtstheoretischen Bereich von der Diskussion der Gewinnung von Alternativen suspensieren könne: Der Jurist habe es in der Regel mit formalisierten Prozessen zu tun und dann, wenn es um formalisierte Entscheidungsverfahren gehe, müsse die Zahl der Alternativen festgesetzt sein.

Fragenswert sei, ob die Rechtsordnung nicht bestimmte Basisalternativen mit der Maßgabe, sie nicht weiter zu zerlegen, vorgeben könne, ob also eine Art gesetzliches Zerlegungsverbot existiere.

(S. E. Wunner, Kiel:) Die formale Betrachtungsweise lasse sich nur durchhalten, wenn man den Begriff des Wertes eliminiere. Bereits die Verwirklichung einer individuellen Präferenz sei die Verwirklichung eines individuellen Wertes. Bei dem Versuch, die Wertverwirklichung über die Folgendiskussion zu erledigen, handele es sich im Grunde um ein „Täuschungsmanöver", denn auch die Folgen seien Alternativen, die nun gewertet würden. Ein Jurist hingegen könne die Wertung bereits bei der Entscheidung treffen und brauche die Plausibilität der Entscheidung durch die Folgendiskussion nicht mehr.

(U. Scheuner, Bonn:) Die eigentliche Auswahl der Alternativen könne nicht logisch erfolgen und sei eine Entscheidung, deren Richtigkeit nicht logisch beweisbar sei, sondern allein durch Wertungen erfolgen müsse. Der letzte Entscheidungsmaßstab, der bei der formalen Betrachtung angeführt werde, sei ein formal quantitativer, so daß das ganze Entscheidungsmodell auf eine bestimmte mit einem gewissen Demokratieverständnis übereinstimmende Methode festgelegt sei. Durch die Folgendiskussion werde aber subkutan ein Wert eingeführt, so daß sich hier zeige, daß die Reduktion der Alternativen nicht ohne Entscheidungen ethischer Art im Recht durchführbar sei.

(A. Podlech, Darmstadt:) Logisch-sprachwissenschaftlich könne man einen Gegenstand, etwa die individuelle Präferenz, verschieden bezeichnen und damit unterschiedliche Bedeutungskomponenten einführen, mit der Folge, daß die Menge extensional identisch sei, intensional hingegen u. U. große Unterschiede bestünden. Es bestehe nun aber extensionale Identität zwischen der Wertverwirklichung und der individuellen Präferenz.

Das Entscheidungsverfahren sei nicht formal quantitativ. Logische Korrektheit sei zwar notwendige, aber nicht hinreichende Bedingung für die Akzeptabilität eines Ergebnisses. Es handele sich eigentlich nicht um ein mathematisches Verfahren, sondern es gehe um das Aufzeichnen mathematischer Strukturen. In jedem qualitativen und konkreten Bereich steckten mathematisch beschreibbare Strukturen, was aber nicht bedeute, daß konkrete Entscheidungsverfahren nach logischen Regeln abliefen, was ein Ergebnis des Arrow-Theorems sei.

Jede Präferenzordnung sei eine Moral. Es stelle sich aber dann sogleich das Metaproblem, woher Kriterien für die Beurteilung der Akzeptabilität von Moralen zu gewinnen seien. Das Modell der maximalen Toleranz sei schon deshalb nicht ethik- oder moralfrei, weil alles inhaltlich diskutiert werden müsse. Die Akzeptabilität ergebe sich also nicht aus der Logik, nur setze die Begründungsfähigkeit einer Position Konsistenz der Position voraus. Aufgabe der Logik sei es, die Bedingungen der Konsistenz anzugeben.

(H. Schmitz, Kiel:) Zweifelhaft sei, ob die gebrauchten Begriffe adäquate Explikationen seien. So würden die Begriffe Vorziehen und Entscheiden gleichgesetzt. Bereits die klassische Wertphilosophie habe aber den Unterschied der Begriffe deutlich hervorgehoben: Entscheiden oder Wählen gehe in Alternativen — digital — vor sich, dagegen sei das Vorziehen etwas Kontinuierliches, ein Übergang etwa zu etwas stärkerer Bejahung, der sich nicht digital ausdrücken lasse. Die Begriffe Vorziehen und Entscheiden müßten stärker gesondert werden.

Konsens und Pluralismus
als verfassungsrechtliches Problem

Von Ulrich Scheuner, Bonn

I. Die neuere Staatstheorie und der Prozeß
der politischen Entscheidungsbildung

1. Das Problem des Konsenses, sowohl gesehen im Hinblick auf die Formung einer maßgebenden politischen Entscheidung wie in bezug auf die Gesetzgebung oder auf den im Verfassungsstaat vorausgesetzten und normativ festgelegten Grundkonsens über die gemeinsamen Grundlagen des politischen Lebens, ist in der deutschen Staatslehre wenig behandelt[1]. Der Grund hierfür scheint mir in zwei Richtungen zu liegen. Noch immer wirkt in der deutschen Staatstheorie eine Vorstellung nach, die im 19. Jahrhundert den Staat als eine vorgegebene höhere Einheit betrachtete, eine Persönlichkeit[2], die mit Willen begabt ist, bei der daher das Problem der Gewinnung der Einheit des Zusammenwirkens und der Entscheidung hinter dieser bald mit hegelischer ideeller Postulierung bald mit organizistischen Bildern begründeten substanzhaften Staatseinheit zurücktritt[3]. Und ferner rückte in der positivistischen Lehre des 19. Jahrhunderts mit ihrer Konzentrierung auf recht-

---

[1] Es ist bezeichnend, daß keines der neueren Werke der Staatslehre (Krüger, Zippelius, Herzog) den Begriff im Register verzeichnet; auch das sonst zu gründliche Ev. Staatslexikon, 2. Aufl. 1975, behandelt ihn nicht. Besser steht es um den Begriff des Pluralismus.

[2] Damit ist nichts gegen die schon länger zurückreichende rechtliche Behandlung des Staates als rechtliche Einheit, als juristische Person gesagt. Das ist ein brauchbares rechtliches Bild, aber andererseits keine staatstheoretische Darlegung des staatlichen Wirkungsprozesses. Zur Geschichte der Rechtsfigur der Rechtspersönlichkeit des Staates siehe *U. Häfelin*, Die Rechtspersönlichkeit des Staates, 1959.

[3] Ein Beispiel für Verdecken der Probleme durch die Annahme eines personhaft gedachten Staatswillens bietet der für die positivistische Theorie des späteren 19. Jahrhunderts wichtige C. F. von Gerber, bei dem wir (Grundzüge eines Systems des Deutschen Staatsrechts, 2. Aufl. 1869, S. 19) lesen: „Die Staatsgewalt ist die Willensmacht eines persönlich gedachten sittlichen Organismus. Sie ist nicht eine künstliche und mechanische Zusammenfassung vieler Einzelwillen, sondern die sittliche Gesamtkraft des selbstbewußten Volkes." Die Staatsgewalt wird dann weiter als „Naturkraft" bezeichnet. Von diesem unklaren Gemisch von Gedanken Hegels (Staat als Vollendung der sittlichen Bestimmung) und der organischen Theorie werden freilich die eigentlichen Fragen der politischen Entscheidungsbildung ganz verdrängt.

liche Formen das Begriffspaar Gesetz und Gesetzesausführung in den
Vordergrund, und in dieser normativen Sicht war für das Stadium der
der Gesetzgebung vorangehenden politischen Auseinandersetzung, der
Formung des Gesetzesinhalts kein Raum mehr. O. Mayer, dessen dogmatische Einseitigkeiten auch sonst die publizistische Wissenschaft noch
belasten, sah in den zentralen Vorgängen des Verfassungslebens, die
das staatliche Dasein bestimmen, innere Vorgänge der sich ordnenden
obersten Gewalt, und bezeichnete sie als „verfassungsrechtliche Hilfs-
tätigkeiten"[4]. Für ihn zählten rechtlich nur die „nach außen" gerichte-
ten Handlungen „im Namen des Staates als eines fertigen Ganzen",
vor allem das Gesetz und die zu seiner Ausführung ergehenden Akte.
In ähnlicher Richtung wirkte die formale Rechtsstaatstheorie ein, die
den Staat dem Recht unterwarf — ohne dem Problem der Formung
des Rechts durch den Staat, die Wechselwirkung von Recht und Macht
wirklich nachzugehen — und ebenfalls in der Hauptsache auf das
Spannungspaar Gesetz-Gesetzesausführung rekurrierte. Das Gesetz
aber erschien als Ausfluß des Staatswillens, zugleich aber als Ver-
körperung des Rechtsgedankens, wiederum ohne Reflektion über die
Relation von Recht und politischer Macht. In diesem Vorstellungskreis
konnten zwar die Formen der Gesetzgebung Beachtung finden, das
Ringen um ihren Inhalt aber wurde in eine vorrechtliche Sphäre ver-
wiesen. In der Gegenwart kann man eine andere Linie beobachten, die
in gewisser Weise diese ältere Anschauungsweise wieder aufnimmt
und dem Problem der politischen Meinungsbildung und Entscheidung
ausweicht. Sie stellt an Stelle des Staates den Gedanken der Verfassung
und des Verfassungsrechts in den Mittelpunkt und gelangt wiederum
damit zu normativer Verengung. Auch wenn man die zuweilen auf-
tretende Neigung ablehnt, die Gesetzgebung nur mehr als Ausführung
des Verfassungsgebotes aufzufassen und die Aufgabe freier Gestaltung
des sozialen Lebens in der modernen Gesetzgebung damit zu verkennen,
so wird doch wiederum durch die Verfassung, so wie früher durch die
willensbegabte Staatsgewalt, ein normativer Ausgangspunkt gesetzt,
durch den die Frage des Konsenses, auf dem die Norm beruht, zurückgedrängt wird.

Wenn wir uns das Verständnis des Konsenses als eines Grundvor-
ganges im demokratischen Gemeinwesen, wie auch das seiner offenen
Pluralität erschließen wollen, so müssen wir, wie Konrad Hesse richtig
betont hat[5], jedes substanzhafte Denken vom Staat hinter uns lassen
ebenso wie die Vorstellung von der Verfassung als einer Grundnorm,
deren Bestand und Ausgestaltung nicht an die Fortdauer des grund-

---

[4] Deutsches Verwaltungsrecht, Bd. 1, 3. Aufl. 1924, S. 7/8.
[5] Grundzüge des Verfassungsrechts der Bundesrepublik Deutschland,
8. Aufl. 1975, S. 7.

legenden Verfassungskonsenses gebunden ist, sondern die einfach vorausgesetzt wird. Wir müssen vielmehr auf eine der älteren Grundfragen der Staatslehre zurückkommen, wie denn aus der Vielheit der Menschen, aus der Verschiedenheit ihrer Auffassungen und Interessen, aus der Einwirkung der von ihnen formierten Gruppen sich eine politische Einheit bilden und behaupten kann. Die Verfassung wird dann wieder zu einem Bestandteil dieses als lebendiger sich immer wieder erneuernder Prozeß aufgefaßten politischen Geschehens, das den zentralen Vorgang innerhalb der Formation des politischen Ganzen darstellt. Die Verfassung wird damit zu einem Entwurf, der in diesen Vorgang bestimmte stabilisierende und dauerhafte Elemente in Gestalt institutioneller Formen und der Setzung von Zielen sozialer Gestaltung festlegt und für die Zukunft normativ zur Verbindlichkeit erhebt[6]. Eine Auffassung der Verfassung und des Gesetzes, die sie nicht allein in ihrer normativen Natur, sondern in ihrer Funktion im politischen Geschehen ins Auge faßt, führt notwendig zu der Frage des Konsenses, auf dem sowohl die Grundordnung des Gemeinwesens, die Verfassung beruht, wie die Verbindlichkeit des von den verfaßten politischen Gewalten gesetzten Rechts. Die Frage des Konsenses leitet aber hin zu grundlegenden Tatbeständen des staatlichen Zusammenlebens, zu den Kräften, aus denen sich die staatliche Einheit aufbaut und kontinuiert, zu den institutionellen Ordnungen, die diesen Vorgang der Darstellung und Vertretung des Ganzen, der Entscheidung und ihrer Durchsetzung tragen. Sie tritt auch hervor in der Unterscheidung der Staats- und Regierungsformen wie in dem Problem der Legitimität der bestehenden Einrichtungen, jedenfalls soweit es um demokratische Ordnungen sich handelt.

Mit dieser Vorbemerkung ist schon, um dies kurz zu erwähnen, der methodische Ansatzpunkt dieser Betrachtung bezeichnet. Sie untersucht Konsens und Pluralismus als Begriffsbildungen der politischen Theorie, die auf die reale Erfassung der politischen Vorgänge ausgerichtet ist, sie aber zugleich in prägenden Grundbegriffen und Deutungen zu erfassen sucht. Die Verwurzelung der politischen Begriffe in der geschichtlichen Entwicklung bedingt dabei notwendig auch historische Ausblicke. In erster Linie soll aber die Bedeutung dieser Begriffsprägung für die Gegenwart vorangestellt werden.

2. Die neuere Staatslehre, die über die Rechtskonstruktionen des späteren 19. Jahrhunderts hinausführt, hat zu der Problematik der Gewinnung der staatlichen Einheit mancherlei Erwägungen angestellt, die hier nur angedeutet werden können; Rudolf Smend hat in der Lehre der Integration die hier entstehende Aufgabe, die Gewinnung der staatlichen Einheit aus der Beteiligung der einzelnen an ihr zu erklären, umrissen: er vermochte die Blicke wieder auf die Elemente

dieses Prozesses staatlicher Vereinigung, die Institutionen, die geistigen
Werte und Kräfte zu richten[7]. Von einer anderen, soziologisch ausge-
richteten und die gesellschaftlichen Kräfte betonenden Grundlage aus
hat auch Hermann Heller das Problem der staatlichen Wirkungseinheit
unter dem Gedanken der Organisation angegangen[8]. Bei ihm leuchtet
das Problem der Verbindung der Individuen in dem Begriff der Einung
und in der Teilhabe an gemeinsamen Bedeutungszusammenhängen auf[9].
Dagegen führt die Gedankenrichtung Carl Schmitts, die in so starkem
Maße noch auf die Gegenwart einwirkt, in ihrer Ausrichtung auf die
Entscheidung eher von dem Phänomen des Konsenses fort, der in ihr
leicht den Charakter des formalen Kompromisses und des Ausweichens
vor der Dezision erhalten kann[10]. An eine Linie der Staatsauffassung
anknüpfend, die von Bodin und Hobbes ihren Ursprung nimmt, neigt
diese Lehre, die den Kern des politischen Lebens im existentiellen
Konflikt erblickt[11], dazu, Verständigung und Einigung auf bestimmte
Felder des staatlichen Lebens, z. B. föderale Formen zu begrenzen und
der souveränen Entscheidung nachzusetzen. Die gemeinsame Grundlage des demokratischen Gemeinwesens, in dieser Theorie nicht übersehen, wird in eine substantielle Homogenität gelegt[12].

Die Lehre der Zeit nach 1945 hat nur in geringerem Umfang das
Problem der Willensvereinheitlichung im Staate wieder aufgegriffen[13].
Ihr Interesse gilt in erster Linie der Beschränkung der Staatsmacht,
den individuellen Freiheitsrechten und dem Rechtsschutz. Die Struktur
der staatlichen Entscheidungsbildung verfolgt sie am ehesten im Zusammenhang der Erörterung von Parteien und Interessenverbänden,
auch in den neu erschlossenen Dimensionen der Regierung (Staatsleitung) und der Planung. Im Ganzen aber hat insbesondere der Be-

---

[6] Zu einem solchen Begriff der modernen Verfassung als einer Ordnung
des politischen Prozesses und der sozialen Gestaltung siehe *Badura*, Festschrift Scheuner, 1973, S. 21, 33.

[7] Verfassung und Verfassungsrecht, 1928, jetzt in Ges. Abhandlungen,
2. Aufl. 1968, S. 119 ff.; Art. Integration im Ev. Staatslexikon, 2. Aufl. 1975,
Sp. 1024 ff. Zu den Grundlagen seiner Lehre, freilich zu sehr vom Boden
heutiger politikwissenschaftlicher Konzeptionen, *W. Mols*, Allgemeine Staatslehre oder politische Theorie?, 1969; *ders.*, AöR 94 (1969), S. 513 ff.; *W.
Schluchter*, Entscheidung für den sozialen Rechtsstaat, 1969, S. 52 ff., sowie
Manfred Friedrich, PolVj 13 (1972), S. 582 ff.

[8] *H. Heller*, Staatslehre, 1934, S. 37 ff., 228 ff., und dazu *Schluchter* (Anm. 7),
S. 250 ff.

[9] *Heller* (Anm. 8), S. 83.

[10] *Carl Schmitt*, Verfassungslehre, Neudr. 1954, S. 23, 75 (Verfassung als
Entscheidung).

[11] Der Begriff des Politischen, 1932, S. 13 ff.

[12] Verfassungslehre, S. 65, 228 f.

[13] Vgl. *R. Herzog*, Allgemeine Staatslehre, 1971, S. 338 ff., bei dem aber
das dezisionistische Element stark hervortritt. Ferner mit einem mehr
normativen Akzent *F. Ermacora*, Allgemeine Staatslehre, Bd. 1, 1970, S. 272 ff.,
409 ff.

griff des Konsenses keine größere Bedeutung erlangt. In weiterem
Umfang hat sich dagegen die deutsche Theorie in neuerer Zeit dem
Gedanken des Pluralismus zugewandt. Seine Einführung in die deutsche Diskussion ist vor allem Ernst Fraenkel zu verdanken[14], der
amerikanischen Auffassungen folgte. Seitdem hat die Theorie des
Pluralismus in der politischen Wissenschaft einen festen Platz gewonnen, obwohl ihre Ausgestaltung hier Gegenstand beträchtlicher Auseinandersetzung ist, in die neuerdings Fritz Scharpf eingeführt hat[15]. Für
die Staatstheorie hat Hans Zacher in einer gedankenreichen Studie die
Bedeutung der pluralen Gestaltung für die moderne Demokratie dar-
gelegt[16]. Der enge Zusammenhang der beiden Begriffe Pluralismus
und Konsens, beide im wesentlichen auf die Theorie der Demokratie
bezogen, wird noch darzulegen sein. Schon jetzt darf bemerkt sein,
daß von den beiden Begriffen der Gedanke des Konsenses nicht nur
eine ältere Überlieferung, sondern auch ein größeres Gewicht besitzt.

3. Die Vorstellung eines pluralistischen Aufbaus des Staates gehört
erst einer relativ jüngeren Entwicklung an. In der heutigen Form ist
sie erst im letzten Menschenalter von der Sozialwissenschaft geprägt
worden. Dagegen reicht die Hervorhebung des Konsenses, der Zustimmung der Beherrschten, als eine Grundlage der staatlichen Einheit
und der politischen Herrschaftsübung weit zurück. Sie ist vor allem in
der angelsächsischen Theorie zu Hause, in der John Locke dem Konsens
eine grundlegende Stelle zuwies. Die englische Anschauung knüpft
damit nur an eine weit ältere europäische Überlieferung an, die auf dem
Kontinent durch die absolute Monarchie zurückgedrängt wurde. Ihre
Wurzeln reichen — wenn ich von der Antike hier absehe — bis in die
mittelalterliche Welt zurück. Schon im späteren Mittelalter vertraten
bedeutende Autoren die Meinung, daß weltliche Macht sich auf die
Zustimmung des Volkes gründen müsse. Das Element des Konsenses
wird als Grundlage der Einsetzung von Herrschaft schon von Wilhelm
von Ockham hervorgehoben[17]. Im Rahmen der konziliaren Theorie des
15. Jahrhunderts wurde insbesondere von Nikolaus von Cusa die

---

[14] Der Pluralismus als Strukturelement der freiheitlich-rechtsstaatlichen
Demokratie, jetzt in E. Fraenkel, Deutschland und die westlichen Demokratien, 6. Aufl. 1974, S. 197 ff.
[15] Fritz Scharpf, Demokratietheorie zwischen Utopie und Anpassung, 1970,
S. 29 ff.
[16] Pluralität der Gesellschaft als rechtspolitisches Problem, Der Staat
9 (1970), S. 161 ff.
[17] Für Ockham ist die Zustimmung des Volkes eine der legitimen Quellen
der Autorität. Ist freilich Herrschaft übertragen, so steht sie unmittelbar
zu Gott und kann nur unter besonderen Umständen entzogen werden. Vgl.
Georges de Lagarde, La naissance de l'esprit laïque au déclin du moyen
âge Bd. IV Guillaume d'Ockham. Defense de l'Empire, 1962, S. 227, 232;
A. St. McGrade, The Political Thought of William of Ockham, Cambridge
1974, S. 105 ff.

Gewalt des Gemeinwesens auf den Konsens des Volkes zurückgeführt[18], und andere zeitgenössische Stimmen äußerten ähnliche Gedanken[19]. Die hiermit begründete Gedankenrichtung, die die Gesamtheit über den Fürsten stellte und Herrschaft auf Zustimmung gründete, wirkte in der Folge fort. Sie bildete den Ausgangspunkt für die Lehre von der gemäßigten Monarchie und wurde von der ständischen Literatur des 16. Jahrhunderts aufgenommen, so wie sie auch in der Wirklichkeit spätmittelalterlicher Herrschaftsverträge, die die Macht der Fürsten beschränkten, ihren Ausdruck fand[20]. Im 16. Jahrhundert gewann dann noch stärker die Vorstellung eines pactum, eines Vertrages zwischen Herrscher und Volk — dieses repräsentiert durch die ständischen Mächte — Raum in derjenigen Richtung der politischen Theorie, die auf eine Beschränkung der herrscherlichen Stellung ausgerichtet war. Mit dem Vertrage verband sich in diesem so sehr von religiösen Kräften bewegten Zeitalter die Idee des religiösen Bundes (foedus), in den Herrscher und Volk mit Gott eintraten, und der die Grundlage für den Bund bildete, den Fürst und Volk miteinander eingingen[21]. In dieser Anschauung gewann schon die Lehre vom Staatsvertrag Gestalt, die in der Naturrechtsepoche das Fundament der Staatstheorie bilden sollte. Vertrag und Konsens traten damit in der Begründung und Legitimierung der Herrschaft in den Vordergrund.

Freilich stand mit dieser Auffassung, die vertragliche Momente im politischen Gemeinwesen und die Grenzen fürstlicher Gewalt betonte, die aufsteigende absolutistische Lehre in Widerspruch, die in Bodin einen prägnanten Ausdruck fand. In dieser Anschauung wird das Ge-

---

[18] Concordantia Catholica Lib. II. cap. 14: „Nam si natura aeque potentes et aeque libri homines sunt: vera et ordinata potestas unius communis atque potentis naturaliter non nisi electione et consensu aliorum constitui potest, sicut etiam lex a consensu constituitur." Siehe hierzu *J. E. Gough*, The Social Contract, 2. Aufl. Oxford 1957, S. 40 f; *Paul E. Sigmund*, Nicholas of Cusa and Medieval Political Thought, Cambridge (Mass.) 1963, S. 137 f.; *P. Pernthaler*, Cusanus-Gedächtnisschrift hrsg. v. O. Grass, Innsbruck 1970, S. 66.

[19] Daß der Handlung einer Gemeinde eine Beratung oder ein stillschweigender Konsens vorhergehen müsse, lehrte auch Johannes de Segovia. Vgl. *A. J. Black*, Monarchy and Community. Political Ideas in the Later Consiliar Controversy, Cambridge 1970, S. 37, 161. Siehe auch *Gough* (Anm. 18), S. 36 ff. Dahinter steht die ältere Maxime „Quod omnes tangit, ab omnibus probari debet". Zu ihr siehe *Gaines Post*, Studies in Medieval Legal Thought, Princeton 1964, S. 163 ff.; *A. Marongiu*, Q. o. t. Principe fondamental de la Démocratie et du Consentement, in: Album Helen Maud Cam (Studies presented to the International Commission for the History of Representative and Parliamentar Institutions, XXIII/XXIV) Bd. 2, 1961, S. 101 ff.

[20] Zu den Herrschaftsverträgen des Mittelalters siehe *W. Näf*, Schweizer Beitr. zur allg. Geschichte, 7 (1949) S. 41 ff.

[21] Siehe hierzu *G. Oestreich*, Geist und Gestalt des frühmodernen Staates, 1969, S. 167 ff.; ferner *Gough* (Anm. 18), S. 53 ff. Ein Beispiel dieser Idee gibt das berühmte, von Duplessis-Mornay oder Languet verfaßte Werk der „Vindiciae contra Tyrannos" (1579 hier Frankfurt 1608), S. 6, 9, 28, 67.

wicht auf die Erwerbung der souveränen Macht und ihre Ausübung gelegt[22]. Nicht der Konsens, sondern der Gehorsam bildet dazu das entsprechende Gegenstück. Indem die Staatstheorie des 17. Jahrhunderts zum Aufbau des Staates aus den einzelnen heraus überging, statt ihn von oben her, aus göttlicher Einsetzung abzuleiten, trat der Sozialvertrag an den Beginn der staatlichen Ordnung[23]. Nach der Meinung des Hobbes entäußerte freilich das Volk sich mit der Unterwerfung unter einen Herrscher aller Macht, aber bei anderen wurde das Element der Zustimmung und des Vertrages gerade der Erhaltung bestimmter Rechte des Individuums dienstbar gemacht. Das galt vor allem für John Locke, bei dem daher, wie noch darzulegen sein wird, der Konsens zu einer für die Begründung und den Bestand der Regierung grundlegenden Voraussetzung wurde[24]. Daneben wurde die Bedeutung des Konsenses im angelsächsischen Raum von dem Fortleben der Bundestheologie mit der Vorstellung der Staatsgründung durch Covenant getragen[25] und schlug feste Wurzeln im Denken der amerikanischen Kolonien[26]. Mit der Staatsvertragslehre des Naturrechts wurde das Grundthema der Versöhnung menschlicher Freiheit und politischer Ordnung offengelegt, das mit dem 18. Jahrhundert dann in der Idee des Gesellschaftsvertrages von Rousseau zu einer Theorie der demokratischen Gemeinschaft fortentwickelt wurde. Im Unterschied zu englischer Lehre, die am individuellen Konsens — ausgedrückt durch die Repräsentation des Volkes — und an dem entsprechenden Begriff des anvertrauten Amtes (trust) die Konzeption eines gemäßigten Staatswesens darlegte, schob Rousseau die Frage des fortdauernden Konsenses des Volkes wieder durch die Vorstellung des Gemeinwillens und

---

[22] Die Entstehung der Herrschaft wird daher auch bei Bodin nicht auf Übertragung, sondern auf Gewalt und Geschichte, nicht aber auf Vertrag zurückgeführt. Vgl. *H. Quaritsch*, Staat und Souveränität, Bd. 1, 1970, S. 274 f.

[23] Nicht notwendig trug diese Ableitung der Staatsgewalt die Züge populistischer oder gar demokratischer Art. Der Vertrag konnte ebensowohl der Begründung absoluter Herrschaft dienen. In der englischen Revolution des 17. Jahrhunderts erwuchs aus diesen Vorstellungen der Gedanke eines „Agreement of the People", einer Verfassung, wiederum eng mit dem des religiösen Bundes verknüpft. Vgl. *Gough* (Anm. 18), S. 93 ff.; *M. Gralher*, Demokratie und Repräsentation in der Englischen Revolution (Heidelberger Politische Schriften, Bd. 6), 1973, S. 103 ff.

[24] Two Treatises on Government (ed. Laslett 1960), Lib. II, §§ 104 - 106, und dazu *J. W. Gough*, John Locke's Political Philosophy, 2. Aufl. Oxford 1973, S. 52 ff.; *John Dunn*, The Political Thought of John Locke, Cambridge 1969, S. 129 ff., 145.

[25] Ein bekanntes Beispiel einer auch praktisch von diesen Ideen getragenen Setzung einer Charter sind die Fundamental Orders of Connecticut vom 14. 1. 1639, ganz beherrscht von der Vorstellung des unter göttlicher Führung gestifteten Bundes. Text bei *R. L. Perry* und *John C. Cooper*, Sources of Our Liberties, American Bar Foundation, 1952, S. 115 ff.

[26] Hierzu *Oestreich* (Anm. 21), S. 177 f.; *G. L. Haskins*, in: Liber Memorialis Georges de Lagarde, 1970, S. 201 f.

seiner unbedingten Richtigkeit zur Seite. Der Konsens wird bei ihm zur
Annahme der Uniformität der Gesinnung in der politischen Gesellschaft. Die Möglichkeit verschiedener politischer Richtungen und ihres
Ausgleichs als Aufgabe der Gewinnung eines Konsenses bleibt bei ihm,
der nur einen wahren Gemeinwillen kennt, versagt, und daher rührt
die zweideutige Rolle, die die Lehre Rousseaus seither bis in die Gegenwart für die Anerkennung der Bedeutung des freien Konsenses in der
demokratischen Gemeinschaft spielt. Sie hat die Anerkennung der
Einigung der Bürger als Grundlage des Gemeinwesens entscheidend
gefördert, sie hat aber mit der Forderung eines einheitlichen Gemeinwillens auch solchen politischen Gewalten, die ohne realen Konsens
des Volkes dessen wahren Willen zu verkörpern behaupten, den Weg
zu minoritärer und sogar totalitärer Herrschaft offengelassen[27].

4. Das 19. Jahrhundert stellt in der Entwicklung der Aufmerksamkeit
für das Problem des Konsenses im Staatsleben einen Zeitraum dar, in
dem sich in der Entwicklung der Verfassungen der Gedanke des
„government by consent"[28], der Ableitung der Macht vom Volke her
und der aktiven Beteiligung des Volkes durch repräsentative Institutionen[29] in steigendem Maße verwirklichte. In der theoretischen Auseinandersetzung stand aber, nachdem die Lehre vom Staatsvertrag
mit dem Ende der Aufklärung zurückgetreten war, im Vordergrund die
Frage nach der Verteilung der politischen Macht, dem Maß der handelnden Teilnahme der Bürger am Staat durch Wahlen und Ämter,
das Verhältnis von Regierung und Parlament und der Aufstieg der

---

[27] Indem der Gemeinwille die absolute Richtigkeit verkörpert (Contract
Social II, 3), ohne daß dem Vorgang der Einigung nähere Beachtung zugewandt wird, und indem Einstimmigkeit verlangt wird, enthält Rousseaus
Lehre in der Tat Ansätze, die eine den wahren Gemeinwillen für sich
beanspruchende Minderheit stützen können. Das hat K. Talmon, The Origins
of Totalitarian Democracy, 1952, S. 43 ff., verdeutlicht. Demgegenüber verteidigt Imboden, Rousseau und die Demokratie, 1963, S. 11 ff., die volonté
générale als Idee einer autonomen Bestimmung des Volkes und erblickt
in ihr eine eher normative Kategorie. Die Frage kann hier nicht vertieft
werden. Es bleibt aber zu bemerken, daß Rousseau der Gewinnung seiner
allgemeinen Übereinstimmung nicht nachgeht und eine Vielfalt von Richtungen im Volk bekämpft. Darin liegen bei ihm Züge, die dem Gemeinwillen
eine absolute Macht übertragen.. In diesem Sinne auch M. Kriele, Einführung in die Staatslehre, 1975, S. 226; F. Scharpf, Demokratietheorie zwischen Utopie und Anpassung, 1970, S. 26 f.
[28] Zum Begriff des „Government by Consent" siehe J. W. Gough, Locke's
Philosophy (Anm. 24), S. 52 f.; A. H. Birch, Representation, London 1971, S. 33.
[29] Siehe hierzu J. St. Mill, Representative Government (Every man's
Library, Ed. 1957), S. 207: "There is no difficulty in showing that the ideally
best form of government is that in which the sovereignty, or supreme
controlling power in the last resort, is vested in the entire aggregate of
the community; every citizen not only having a voice in the exercise of
that ultimate sovereignty, but being, at least occasionally, called on to
take an actual part in the government, by the personal discharge of some
public function, local or general."

Parteien sowie deren Rolle. In Deutschland behielt im konstitutionellen System die von der Einsetzung durch das Volk unabhängige Exekutive bis 1918 einen entscheidenden Anteil an der Staatsleitung, und blieb das Parlament auf Beteiligung an bestimmten Entscheidungen (Gesetzgebung, Haushalt) beschränkt, so daß hier der Gedanke des Konsenses eher auf das Zusammenwirken innerhalb dieses dualistischen Systems angewandt werden konnte, die Vorstellung einer allgemeinen demokratischen Legitimierung der Regierung aber ausschied. Zudem wurde die Frage der Bildung der politischen Entscheidungen, wie wir gesehen haben, durch die vereinfachenden Vorstellungen von der Einheit der Staatsgewalt und des Staatswillens beiseite gerückt. Mit dem Siege der demokratischen Prinzipien, die auch in den westlichen Ländern, in England und Frankreich, im Sinne der Beteiligung aller Bürger an den Wahlen, sich erst in diesem Jahrhundert vollendete, wurde die Fundierung aller Machtausübung im Volk und in seinem Auftrage der anerkannte Ausgangspunkt der staatlichen Legitimität. In der Ausgestaltung dieses Prinzips aber folgte die Verfassungsentwicklung bestimmten im 19. Jahrhundert entwickelten Modellen des parlamentarischen Regierungssystems oder der präsidentiellen Herrschaft und nahm, im Zeichen eines unreflektierten Mehrheitsprinzips und einer als Ausdruck von Recht und Vernunft angesehenen Gesetzesherrschaft[30] nur langsam die Probleme auf, die sich aus der Herrschaft der Parteien[31], der Bildung außerstaatlicher Mächte sowie aus der wachsenden Dissonanz der Meinungen über Staatsziele und über den Umfang staatlicher Eingriffe ergaben.

Wenn in der Gegenwart das Problem des Konsenses und seiner Bedeutung für den demokratischen Entscheidungsprozeß und für die pluralistische Offenheit des Gemeinwesens eine besondere Aufmerksamkeit findet, so hängt das mit den Sorgen zusammen, die die Entwick-

---

[30] Für einen großen Teil der gegenwärtigen Staatsrechtslehre scheinen Probleme gelöst, sobald eine Frage der Entscheidung des Gesetzes überantwortet wird. Daß das Gesetz noch im 19. Jahrhundert in seiner Allgemeinheit als Ausdruck der Gerechtigkeit und Vernunft und als Schranke der Macht angesehen wurde, trägt hierzu bei. Erfüllt es aber in der Gegenwart noch diese Funktion der ausgleichenden Gerechtigkeit und wird es nicht zuweilen die Form, in der im Ringen der Standpunkte eine Mehrheit die Veränderung gesellschaftlicher Situationen verwirklicht? Siehe hierzu *L. Wildhaber*, Ztschr. f. Schweiz. Recht, N.F. 94 (1975), S. 118 ff.

[31] Nicht überzeugend ist der Versuch von *G. Leibholz*, Strukturprobleme der modernen Demokratie, 3. Aufl. 1967, S. 93 ff., 120 ff., den Parteienstaat als eine Form der identitären unmittelbaren Demokratie zu deuten, weil die Parteien ein unmittelbarer Ausdruck des Volkswillens seien. Diese Auffassung verkennt, daß auch innerhalb der Parteien das repräsentative Prinzip wirksam wird und daß die Verschiedenheit ihrer Richtung die identitäre Einheit nicht ohne Formen des Ausgleichs, wie sie eben das repräsentative Prinzip enthält, zuwege bringen kann. Vgl. kritisch *W. Hennis*, Die mißverstandene Demokratie, 1973, S. 120, Anm. 86; *Kriele*, WDStRL 29 (1971), S. 69.

lung des demokratischen Systems heute begleiten. Die Hoffnung, daß sich demokratische Verfassungen über die Erde ausbreiten würden, hat sich ebensowenig wie nach 1918 nach dem zweiten Weltkrieg dauerhaft erfüllt. Im Gegenteil, der Bereich der Welt, in dem demokratische Grundsätze Geltung besitzen, zeigt eher eine schrumpfende Tendenz, und die Gegensätze der politisch-sozialen Systeme stehen sich derzeit ungeachtet aller äußeren Entspannung eher schärfer gegenüber als vor einem Vierteljahrhundert. Der revolutionäre Kampf gegen die freiheitlichen Staatsformen verwendet zwar die Vokabeln der Emanzipation und der Aufklärung, aber steht im Dienste politischer Ideen, die absolute Geltung beanspruchen und daher des Konsenses der Beherrschten entraten zu können glauben. In den demokratischen Staaten aber zeigen sich Anzeichen einer scharfen Auseinandersetzung um die Ziele der Gemeinschaft, die Rechte einzelner Bevölkerungsgruppen, die Abwägung zwischen Freiheit und Gleichheit. In den kommenden Jahren werden diese Gegensätze nicht mehr durch ein wirtschaftliches Wachstum mit immer neuen Verteilungsquoten überdeckt werden können, und die Auseinandersetzungen um die Grundlagen des demokratischen Staates werden schärfer hervortreten. Unter diesen Umständen gewinnt die Notwendigkeit, unter den Gruppen und Parteien des Volkes ein bestimmtes Maß an grundlegender Einigung, einen Grundkonsens, zu erhalten, an Gewicht. Und ebenso werden in der Tagespolitik die Grundlagen der Mehrheitsbildung sowie der Konsens, auf den sich die gemeinsame Rechtsordnung stützen muß, deutlicher beleuchtet werden.

Auch die plurale Struktur und Offenheit der Gesellschaft, in der wir leben, unterliegt in der Gegenwart manchen Einflüssen, die sie beschränken könnten. Auch im Bereich der westlichen Welt, die sich zu diesen Prinzipien bekennt, werden Strömungen sichtbar, die in ihrer Bindung an absolut gesetzte Vorstellungen und Ziele Elemente einer Abwendung von dieser Vielfalt und einer Unduldsamkeit enthalten. Im Rahmen der staatlichen Einrichtungen treten bisweilen bei herrschenden politischen Richtungen Neigungen auf, allen Staatsbürgern dienende Veranstaltungen der Erziehung oder der Information nicht im Sinne einer Anerkennung verschiedener Kräfte und Anschauungen im Volke offenzuhalten, sondern in bestimmten Richtungen zu orientieren und damit im Sinne einer Begrenzung der freien Auseinandersetzung zu gestalten. So mag es daher angezeigt erscheinen, den beiden hier betrachteten Begriffen und ihrer Tragweite für die Gegenwart näher nachzugehen.

II. Pluralismus

5. Die begriffliche Deutung des Pluralismus geht zunächst von der Erscheinung der Gliederung der modernen Gesellschaft in Gruppen und Verbände aus und erblickt in ihm ein System der Zulassung solcher Gruppen und ihres Einflusses auf den Staat. In dieser Auffassung ist Pluralismus daher ein Ausdruck der Ausbreitung der Verbände und ihrer Betätigung im öffentlichen Leben. Der pluralistische Staat wird gekennzeichnet durch die Existenz verschiedenartiger und differenzierter Gruppen, die unterschiedliche Interessen, Anschauungen und Lebensbereiche verkörpern und die sich nicht nur in einer dem Staat abgewandten Form entfalten, sondern auf die Gesamtheit einwirken und einzuwirken bestimmt sind[32]. Das Modell einer pluralistischen Gesellschaft wird demnach von der Vielfalt und der Richtungsdifferenz der verschiedenen sozialen Gruppen und Verbände bestimmt. Es wird dabei davon ausgegangen, daß sich diese unterschiedlichen Gruppierungen untereinander in einem gewissen Gleichgewicht halten, so daß eine Selbstregulierung der Gesellschaft sich ergibt[33]. Eine solche Konzeption erinnert an die Vorstellungen der Konkurrenz und der Harmonie im liberalen Denken, bei dem aus den Individuen und ihrer Auseinandersetzung ein allgemeiner Ausgleich das Ergebnis bildet. Mir scheint allerdings mit dieser Definition, die den Bestand verschiedener Gruppen herausstellt und die für die Betätigung dieser Vereinigungen grundlegende Duldung ihres Bestandes und ihrer Tätigkeit mehr zurückrückt, noch keine befriedigende Begriffsbestimmung gewonnen zu sein. Das entscheidende Moment ist doch nicht das Vorhandensein der Gruppen, sondern die Bereitschaft des Staates, durch Gestattung und Öffnung ihnen gegenüber ihnen einen Raum der öffentlichen Tätigkeit einzuräumen und damit auch sich selbst der Vielfalt der Meinungen und Richtungen zu erschließen. In dieser Offenheit des Gemeinwesens gegenüber verschiedenen politisch-sozialen Meinungen, Strömungen und auch organisierten Kräften liegt der Kern einer pluralistisch strukturierten politischen Gemeinschaft[34].

---

[32] In dieser Definition des Pluralismus und der pluralistischen Gesellschaft von der Rolle der Verbände her stimmen im Grundsatz überein: K. *Loewenstein*, Verfassungslehre, 2. Aufl. 1969, S. 367 ff.; H. *Zacher*, Der Staat, 9 (1970) S. 161, 166; *ders.*, Freiheitliche Demokratie, 1969, S. 125 f.; R. *Herzog*, Allg. Staatslehre (Anm. 13), S. 67 ff.; *ders.*, Ev. Staatslexikon, 2. Aufl. 1975, Sp. 1848 ff.; R. *Zippelius*, Allg. Staatslehre, 4. Aufl. 1973, S. 117 ff.; W. *Fiedler*, Sozialer Wandel, Verfassungswandel, Rechtsprechung, 1972, S. 56.; F. *Scharpf*, Demokratietheorie zwischen Utopie und Anpassung, 1970, S. 29 f.

[33] R. *Herzog*, Staatslehre (Anm. 13), S. 71 f.

[34] Älter als die Zulassung pluraler Richtungen im politischen und sozialen Leben ist die Abwendung von der Forderung religiöser Einheit. Die religiöse Toleranz beginnt in Europa schon mit dem Ende des 18. Jahrhunderts, und führt in der Folge zu weltanschaulicher Offenheit und Neutralität des Staa-

Zur pluralistischen Einstellung gehört mithin die Ablehnung einer Festlegung des Staates auf bestimmte politische oder weltanschauliche Doktrinen oder Wertsetzungen, die für die Gestaltung der Rechtsordnung oder sogar für Haltung und Gesinnung der Bürger verbindlich gemacht werden und die dem Staat den Charakter einer Ausrichtung in bestimmter Richtung verleihen.

Aus dieser Deutung der pluralistischen Haltung ergibt sich ihr innerer Zusammenhang mit der Anerkennung der Meinungs- und Vereinigungsfreiheit, vor allem aber auch eine Anerkennung verschiedener politischer Richtungen und weltanschaulicher Strömungen. Der Pluralismus ist also nicht so sehr das Aufwachsen vielfacher sozialer Gruppen in der Öffentlichkeit, als vielmehr eine grundlegende Offenheit des Staates, die solchen divergierenden Kräften Bestand und Bewegungsfreiheit einräumt. Von dieser Seite aus steht der Pluralismus in engem Zusammenhang mit grundrechtlichen Sicherungen kollektiver Betätigung. Es handelt sich dabei aber nicht allein um die Ausgrenzung bürgerlicher Freiheit im liberalen Sinne. Vielmehr liegt die Bedeutung dieser freien Entfaltung der Gruppen in ihrer konstitutiven Wirkung für den Staat selbst, dessen politischer Aufbau damit in der Wirksamkeit von Parteien, dem Verhältnis von Regierung und Opposition, der Einwirkung von Verbänden auf das öffentliche Leben pluralistische Züge annimmt.

6. Der Pluralismus bildet einen Grundzug der modernen Demokratie und ist am ehesten in einer demokratischen Gesellschaft zu Hause, in der nicht die der älteren Monarchie eigene Vorstellung einer inneren Einheit des Ganzen oder das Mißtrauen der Aristokratie gegen Gruppenbildung vorhanden ist. Pluralismus ist indes auch mit anderen gemäßigten Staatsformen vereinbar[35]. Nur dort ist er ausgeschlossen, wo der Glaube an die absolute Verbindlichkeit einer bestimmten Ideologie oder politischen Doktrin herrscht und demzufolge abweichende Meinungen keine Duldung finden.

Die pluralistische Demokratie bildet mithin ein Staatswesen, das verschiedenen Anschauungen, Richtungen und Gruppen freie Entfaltung sichert und in einer Sphäre der Öffentlichkeit die Auseinander-

---

tes. Neutralität bezeichnet hier die Distanz des modernen Staates zum religiösen Bereich. Vgl. K. Schlaich, Neutralität als verfassungsrechtliches Prinzip, 1972, S. 131 ff.

[35] In der konstitutionellen Monarchie des 19. Jahrhunderts lag eine monarchische Tradition vor, die in der Krone Einheit und Geschlossenheit des Ganzen verkörperte, die aber andererseits im Zuge liberaler Einflüsse Parteien und Verbände — diese mit einigen Beschränkungen — zuließ, so daß sich ein Feld pluraler Auseinandersetzung ergab. Dennoch überwog in der Theorie der Gedanke der Einheit, aus dem heraus den Parteien gegenüber Vorbehalte sich ergaben.

setzung verschiedener gruppenmäßig organisierter Kräfte zuläßt. Diese pluralistischen Differenzen erstrecken sich auch auf den Begriff des Gemeinwohls, der wohl als ideelle Forderung einheitlich bleibt, dessen konkrete Ausgestaltung aber innerhalb verschiedener Richtungen eine verschiedene Ausprägung hervorruft und zu abweichenden Zielsetzungen führt[35a]. Das Gemeinwohl bleibt dennoch, soweit es eine normative Kategorie des Rechts bildet, eine objektive Festlegung, die an Hand der Festsetzungen der Verfassungsordnung objektiv bestimmbar bleibt. Für den Gesetzgeber selbst ist das Gemeinwohl innerhalb der Anschauungsvarianten der verschiedenen politischen Richtungen variabel bestimmbar, bleibt aber an den in der Verfassung bestimmten normativen Rahmen gebunden, der den allgemeinen Grundkonsens der Gesamtheit wiedergibt. Bindung an das Gemeinwohl bedeutet aber auch für den Bereich der Staatsleitung, daß sie sich als Repräsentant des Ganzen in dessen Bestimmung nicht allein von Gruppeninteressen und partikularen Kräften leiten lassen darf, sondern für sie das allgemeine Interesse aller Bürger eine verbindliche Richtschnur bildet.

7. Wenn hier der Zusammenhang einer pluralistischen Einstellung des Gemeinwesens mit der Demokratie hervorgehoben wird, so wird die Demokratie als eine Staatsform verstanden, in der die Legitimation aller Macht- und Amtsausübung vom Volke abgeleitet wird und die Wahrnehmung übergeordneter Funktionen nur auf Grund eines Auftrags des Volkes und in sachlicher und zeitlicher Begrenzung vorgenommen wird. Demokratie ist mithin eine Form der institutionell organisierten Herrschaft, in der wie in jeder anderen Form des Staates Elemente der Macht und der Leitung vorhanden sind, in der sich aber Machtübung stets vom Volk her legitimieren muß und in der alle Bürger auf dem Boden der Gleichheit einen Anteil an den Entscheidungen besitzen. Damit werden Vorstellungen abgelehnt, die Demokratie als eine herrschaftslose Lebensform, als Selbstregierung des Volkes sehen wollen, in der es keine Leitung und keinen Zwang, keine Überordnung mehr gebe, das Zusammenleben daher ohne institutionelle Formen auskommen könne. Diese radikale Konzeption eines sozialen Aufbaus, die deutlich die Züge einer sozialen Utopie trägt, beruht auf einem Menschenbild, das den einzelnen isoliert und außerhalb einer gesellschaftlichen Verantwortung stellt. Sie verkennt, daß menschliches Zusammenleben nicht ohne Konflikte und Spannungen verläuft, daß in ihm Frieden und Ordnung, ebenso wie Recht und Freiheit nur durch die Errichtung geregelter Formen der Gemeinschaft gesichert werden

---

[35a] Zur differenzierten Auffassung des Gemeinwohls im Lichte verschiedener politischer Anschauungen (pluralistischer Gemeinwohltatbestand) siehe *P. Häberle*, Öffentliches Interesse als juristisches Problem, 1970, S. 60 f., 208 ff. Ferner auch *H. Ryffel*, Rechts- und Staatsphilosophie, 1969, S. 290 f.

können, die das Moment der Macht und der Überordnung in sich enthalten. Die Postulierung einer Identität von Regierenden und Regierten, die nur die unmittelbare Demokratie als solche gelten lassen will,
baut auf einem optimistischen Menschenbilde auf, das die wirkliche
Natur des Menschen, die ihn als soziales Wesen ausweist (Aristoteles),
außer acht läßt. In der politischen Realität führt diese identitäre These,
wie dies bereits bei Rousseau angelegt ist, zur Behauptung einhelliger
politischer Meinungen, die dann aber auch in der Vorgabe identitärer
Verwirklichung der Volksherrschaft von minoritären Gruppen und Parteien festgesetzt und erzwungen werden können. Die identitäre Auffassung erweist sich mithin bei näherer Prüfung gerade als Ausgangspunkt
für politische Gestaltungen, in denen die Legitimation der Herrschaft
nicht im Auftrag der Bürger liegt, sondern in der Behauptung einer
Übereinstimmung mit dem wahren Willen der Gesamtheit oder dem
künftigen ideologischen Ziel der Herrschaftslosigkeit, in der also die
Grenzen der Machtanwendung verfließen. Es ist daher bezeichnend, daß
im Bereich solcher identitärer Vorstellungen antipluralistische Anschauungen auftreten, die sich gegen die freie Vielfalt der Meinungen
und Kräfte wenden, in der sie nur einen Vorgang der Erhaltung be-
stehender Strukturen erblicken, dem gegenüber für sie der gesellschaftliche oder klassenmäßige Antagonismus zum Ausgangspunkt
wird, von dem aus der Übergang in herrschaftslose Formen bewirkt
werden soll[36].

8. Der pluralistische Grundzug der modernen demokratischen Gesellschaft bildet daher den Ansatz moderner Theorien der Demokratie,
die das Maß der Selbstverwirklichung des einzelnen durch die plurale
Vielfalt der Gruppen gesichert sehen, in denen die verschiedenen
Interessen zur Auswirkung gelangen. Diese namentlich in den Vereinigten Staaten entwickelte Pluralismustheorie, die einen Ausgleich
der dergestalt vertretenen Kräfte erwartet, ergänzt die durch Wahlen
gegebene Teilnahme des Bürgers durch seine Einwirkung über die
Gruppenbildung[37].

Anklänge an die liberale Erwartung der Harmonie aus Konkurrenz
sind hierbei nicht zu verkennen, und jedenfalls wird eine staatsrechtliche Bestimmung der Demokratie mit Hilfe der politischen Lehre mit
diesem einen Merkmal nicht auskommen, sondern auf die Legitimitäts-
fundierung im Volk und auf die Gründung der Macht im Auftrag

---

[36] Zur Kritik der identitären Demokratievorstellung siehe *Zacher*, Demokratie (Anm. 32), S. 14 ff.; *W. Hättich*, Demokratie als Herrschaftsordnung,
1967, S. 27 ff. Zu den antipluralistischen Tendenzen der identiären Lehre der
Neuen Linken siehe auch *G. A. Ritter*, in: Der Überdruß an der Demokratie,
1969, S. 61 ff.

[37] Hierzu *Scharpf* (Anm. 32), S. 29 ff.; *Ulrich von Allemann*, Parteiensyste-
me im Parlamentarismus, 1973, S. 130 ff.

(trust) verweisen müssen. Gegen das pluralistische Element wendet sich nicht nur empirischer Zweifel, ob in der Kräftevielfalt ein wirklicher Interessenausgleich erfolgt, sondern vor allem die radikale Richtung, die in den pluralen Gruppen eine Verdeckung des fundamentalen gesellschaftlichen Konfliktes erblickt. Sie möchte stattdessen, in Anlehnung an identitäre Vorstellungen, die universelle Partizipation setzen, die sie im Rätegedanken realisiert sieht[38]. Daß der Rätegedanke, mit seiner Ablehnung repräsentativer Formen, nicht die Vertretung aller anstrebt, sondern Ausdruck der revolutionären Strategie ist[39], läßt ihn als eine politische Konzeption erscheinen, die auf die Herstellung der Einheit in einer vorbestimmten politischen Richtung abgestellt ist und in der daher die Offenheit des politischen Lebens aufgehoben wird. Die hier an der Bedeutung pluralistischer Vielfalt geübte Kritik entspringt daher einem Gedankenkreise, der die Struktur demokratischer Herrschaftsübung in Auftrag und Verantwortung nicht anerkennt, weil er der Idee der Herrschaftslosigkeit nachgeht, der aber im Ergebnis zu neuen, von Einsetzung und Willen der Gesamtheit gelösten Formen der Herrschaft gelangt, die außerhalb realer demokratischer Kontrolle stehen[40].

Mit dieser Kritik am Pluralismus zeigt eine andere kritische Einstellung Berührungen, die im Pluralismus eine Beeinträchtigung der politischen Einheit des Staates erblicken möchte. Sie leitet sich aus jener älteren Strömung der politischen Lehre her, die den Staat zuerst als souveräne Macht, als höchste und geschlossene politische Einheit versteht. Als in den zwanziger Jahren der Engländer Laski eine Theorie des Pluralismus entwickelte, die eine Auflösung des Staates in eine Vielfalt gesellschaftlicher Bildungen annahm, erblickte Carl Schmitt in einer solchen Konzeption einen Gegensatz zu seiner auf Macht und Entscheidung gegründeten Sicht politischer Einheit. Er setzte daher dem Pluralismus außerstaatlicher Machtkomplexe, der Polykratie in Wirtschaft und Gesellschaft ein negatives Vorzeichen[41]. Die Charakterisierung des Parlaments als Stätte des pluralistischen Systems zeigte Anklänge an spätere Parlamentarismuskritik. Auch in der Gegenwart finden sich Äußerungen, die in der pluralen Entfaltung mächtiger Verbände Gefahren für die übergeordnete Einheit des Staates sehen[42].

---

[38] Vgl. eine Darlegung dieser Parlamentarismuskritik bei *U. Bermbach* (Hrsg.), Theorie und Praxis der direkten Demokratie, S. 154 ff. (Rätegedanke versus Parlamentarismus).

[39] Zur revolutionären Bestimmung des Rätegedankens siehe *Bermbach*, dort S. 161 ff.

[40] Zur Kritik des Rätegedankens siehe *G. A. Ritter*, in: *K. Scheuch*, Die Wiedertäufer der Wohlstandsgesellschaft, 1968, S. 200 ff.

[41] *Carl Schmitt*, Hüter der Verfassung, 1930, S. 71 ff. Kritisch hierzu *Fraenkel* (Anm. 32), S. 200 ff.

[42] Siehe *R. Herzog*, Staatslehre (Anm. 13), S. 71 f.

Daß bei mangelnder Ausgeglichenheit unter den sozialen Kräften die Gefahr übermäßiger Einwirkung bestimmter mächtiger Gruppen entstehen kann, ist nicht zu verkennen und durch die heutige Vormachtstellung der Gewerkschaften in den westeuropäischen Ländern belegt. Diese Erscheinung, die in erster Linie ein Problem sinkender Vorordnung der Gesamtheit vor partikulären Loyalitäten ist, berechtigt aber nicht zu einer ablehnenden Haltung gegenüber der Offenheit des modernen Staates. Sie mahnt nur daran, daß mit dieser Öffnung nicht zugleich der Anspruch und die Pflicht der staatlichen Institutionen aufgegeben werden darf, für die Gesamtheit aller Bürger tätig zu sein und über allen partikulären Kräften zu stehen.

9. Der Pluralismus im Sinne der Öffnung des Staates für eine Vielfalt von Richtungen und Kräften ist eine verhältnismäßig junge Erscheinung. Der älteren Zeit galt die Einheit der politischen Gesinnung in einem Gemeinwesen als ein wesentliches Gut, und sie betrachtete die Bildung bestimmter politischer Gruppierungen gern als eine bedenkliche und zu vermeidende Erscheinung. Auch Demokratien können sich einer ganz bestimmten Richtung verschreiben. Das Genf Calvins, das man vielleicht eher wohl als ein oligarchisches Regime bezeichnen könnte, ist hier ebenso zu nennen wie die mittelalterlichen Stadtrepubliken Italiens, die man auch republikanisch, aber nur in begrenztem Maße als demokratisch verfaßt ansehen kann. Wenn die italienischen Kommunen Parteiungen kannten, so führten sie doch nicht zu einem friedlichen Nebeneinander der Gruppen, sondern in der Regel zur Austreibung einer Richtung aus der Stadt, und wie wir es von der Parte Guelfa in Florenz kennen, zur Errichtung der dauernden Vorhand einer organisierten Gruppe. Das Mittelalter gab im politischen Leben dem Prinzip der concordantia, der Einigung, durchaus den Vorzug. Das konfessionelle Zeitalter vollends, in dem politische und konfessionelle Gegensätze nur zu leicht in offenen Kampf umzuschlagen drohten, stand allen Faktionen (factiones) als Ursache von Unruhen und Bürgerkrieg ablehnend gegenüber, und darin folgte ihm die absolute Monarchie[43]. Erst seit dem Ende des 16. Jahrhunderts wurde in der politischen Theorie die Möglichkeit erwogen, in einem Territorium verschiedene religiöse Gruppen zu dulden[44]. Im politischen Bereich setzte sich diese Ansicht erst in der englischen politischen Theorie des 18. Jahrhunderts durch. Parteien hatten sich hier bereits am Ende des 17. Jahrhunderts als lose Richtungsgruppierungen ausgebildet, aber die Abneigung gegen sie blieb noch dem englischen augusteischen Zeitalter eigen[45].

[43] Scharf gegen Faktionen als Quelle des Bürgerkrieges äußert sich *Jean Bodin*, Six Livres de la République Aus. 1583 (Aalen 1960), S. 582, 647, 652.
[44] Ein entscheidender Beitrag hierzu war die Stellungnahme des einflußreichen Werkes von Justus Lipsius, Politicorum sive Civilis Doctrinae libri sex Ausg. Antwerpen 1604, Buch. IV, cap. 2.

Es stellte aber einen bedeutenden theoretischen Durchbruch dar, wenn Bolingbroke in seinen Schriften die Meinung vertrat, daß eine Opposition zulässig und auch für das politische Leben notwendig sei[46]. Die Tragweite dieser These war groß. Hier wurde nun offen die Existenz und die Tätigkeit verschiedener Strömungen im Staate anerkannt.

10. Auf dem Kontinent ging diese Entwicklung noch langsamer vor sich, weil ihr die Neigung der Monarchien entgegenstand, in der Krone die über allen Gegensätzen stehende höhere Einheit des Ganzen verkörpert zu sehen. In Deutschland begann im Vormärz die Einsicht in die Berechtigung, ja Notwendigkeit unterschiedlicher Parteien[47]. Aber lange noch wirkte die Abneigung gegen ihre Differenzen fort, die Bismarck in seiner Gegenüberstellung des Wirkens der Regierung für das Gemeinwohl mit dem „Parteihader" zu nutzen verstand. Eine ähnliche Einstellung der Zurückhaltung, sogar Abneigung, bestand lange, noch bis in die 50er Jahre dieses Jahrhunderts hinein, gegenüber den Interessenverbänden in der Bundesrepublik. Hier wirkte sich aus, daß, während die englische Anschauung stets betont hat, daß im Parlament Interessen verschiedener Art vertreten würden[48], in Deutschland oftmals im politischen Leben die Vertretung von Interessen ungünstig beurteilt wurde. Man sprach von der Herrschaft der Verbände (Eschenburg), und erst in jüngster Zeit hat sich eine nüchterne Beurteilung der Interessengruppen durchgesetzt, deren Berechtigung und Notwendigkeit nun ebenso wie die der Parteien anerkannt wird[49].

---

[45] Entgegen einer Meinung, die in jener Zeit nur kleinere Gruppen oft familiären Interesses kennen will (*R. Walcott*, English Politics in the Early 18th Century, Oxford 1956, S. 34 ff. 70 ff.) setzt sich heute die Meinung durch, daß die beiden großen Richtungen, Tories und Whigs, bereits große Parteiformationen, wenn auch loser Natur, darstellten. Vgl. *J. H. Plumb*, The Growth of Political Stability in England 1675 - 1725, London 1967, S. 129 ff.; *G. Holmes*, British Politics in the Age of Anne, New York 1967, S. 13 ff.; *K. Kluxen*, Das Problem der politischen Opposition. Entwicklung und Wesen der englischen Zweiparteienpolitik im 18. Jahrhundert, 1956, S. 48 ff. Zu der negativen Einstellung, die noch Königin Anne gegenüber den Parteien behielt, siehe *Holmes*, S. 16/17. Sie blieb noch im weiteren 18. Jahrhundert vielfach lebendig. Siehe *I. Kramnich*, Bolingbroke and his Circle, Cambridge (Mass.) 1968, S. 153 f.

[46] Siehe *Kluxen* (Anm. 45), S. 103 ff.; *I. Kramnitz* (Anm. 45), S. 160 ff.

[47] Einer der ersten Autoren, die die Notwendigkeit eines Parteiensystems für die repräsentative Demokratie und die konstitutionelle Monarchie vertraten, war *Carl Salomo Zachariae*, Vierzig Bücher vom Staat, Bd. 3, 2. Aufl. 1839, A. 215 f. Er sagt von der konstitutionellen Monarchie: „Eine Regierung ohne Opposition ist mit dem Zwecke dieser Verfassung ebenso unvereinbar, als eine Regierung ohne Partei im Volke." Hier wird die plurale Öffnung des Staates sehr klar bezeichnet.

[48] *A. H. Birch*, Representation, London 1971, S. 37 ff., 72 ff.; *Samuel H. Beer*, Modern British Politics, London 1965, S. 17 ff., 61 ff.; *K. v. Beyme*, Interessengruppen in der Demokratie, 1969, S. 14.

[49] *v. Beyme* (Anm. 48), S. 14 ff.; *Zacher*, Demokratie (Anm. 32), S. 48 ff. Dabei wird Vertretung besonderer Interessen betont, die insbesondere in

In dieser Entwicklung liegt es auch begründet, daß die im Zeichen pluraler Kräfte sich vollziehende Wandlung der politischen Szene erst verhältnismäßig spät in der politischen Theorie volle Berücksichtigung gefunden hat. Das Festhalten an der Vorstellung eines einheitlichen Staatswillens bildete für die Rechtslehre auch hier ein Hindernis, das auch die Einsicht in die Wirkungsweise parlamentarischer Regierung verzögerte. Es wurde nicht deutlich erkannt, daß auch die plurale Öffnung des Staates das Streben nach Einigung nicht ausschließt. Zum mindesten setzt die Anerkennung der Vielfalt der Gruppen voraus, demgegenüber die Notwendigkeit eines unter ihnen bestehenden Konsenses über gemeinsame Grundlagen als wichtig erscheinen zu lassen. Auf dies Problem wird bei der Behandlung des Konsenses zurückzukommen sein. Die pluralistische Einstellung braucht daher nicht mit einem Relativismus gleichgesetzt zu werden. Die Offenheit der staatlichen Gemeinschaft gegenüber differenzierten Kräften und Interessen kann durchaus eingebunden sein in eine gemeinsame in der Verfassung niedergelegte Grundlage, die in der Verschiedenheit die grundlegende Einheit der staatlichen Ordnung sichert und möglicherweise auch bestimmten dieser Ordnung gegnerischen Kräften in der politischen Entfaltung Begrenzungen auferlegt. Grundsätzlich aber wirkt sich die pluralistische Grundeinstellung der modernen Demokratie dahin aus, daß die Freiheit der Gruppierungen und der Verbandsbildung zugrunde liegt, und daß in ihr die Legitimität der Opposition gegenüber der Regierung notwendig anerkannt werden muß[50]. Die Anerkennung der Berechtigung einer politischen Opposition, eine angemessene Ausgestaltung der Stellung oppositioneller Parteien und Gruppen, bildet jedenfalls einen Bestandteil einer offenen staatlichen Lebensform. Indem der Pluralismus somit die Annahme verschiedener Anschauungen in sich schließt, erscheint er in einem Gegensatz zu der marxistischen Lehre des Klassenkampfes, die von der Richtigkeit einer einzigen Lehre ausgeht und die das politische Leben nicht auf die freie Auseinandersetzung, sondern auf den kämpferischen Ausschluß anderer als der gesellschaftsverändernden Kräfte begründet.

---

einem Zweiparteiensystem das Verbandswesen zu einem ergänzenden und wichtigen Faktor in der Darstellung der gesellschaftlichen Vielfalt macht.

[50] Zum Problem der Opposition in der pluralistischen Theorie siehe *H. P. Schneider*, Die parlamentarische Opposition im Verfassungsrecht der Bundesrepublik Deutschland, Bd. 1, 1974, S. 173 ff., der ihre Bedeutung für die Erhaltung einer politischen Auseinandersetzung und Öffentlichkeit insbesondere bei langdauernder Herrschaft einer Mehrheitsgruppe darlegt. Ferner meine Ausführung, DÖV 1974, S. 437. Neuerdings hat die Verfassung Hamburgs durch Gesetz v. 18. 2 . 1972 (GVBl. S. 21) die Position der Opposition ausdrücklich als Bestandteil der Demokratie mit dem Auftrag der Kritik der Regierung und der Gewinnung von Alternativen anerkannt. Vgl. *H.-P. Schneider*, S. 261 f.

11. Die pluralistische Gesellschaftsform beruht auf der Existenz und politisch-sozialen Wirksamkeit unterschiedlicher Kräfte und Gruppen. Bedeutet das, daß sich diese Mächte in einer bestimmten Ausgewogenheit, einer Art Gleichgewicht befinden sollen? Die moderne Pluralismustheorie ist mit Recht bestrebt, im Bilde des aus dem Mit- und Gegeneinander der Interessen resultierenden Kräftespiels nicht an den Ansatz der liberalen Theorie von der Harmonie, die sich aus Diskussion und Ausgleich ergibt, oder an die Konkurrenztheorie Schumpeters anzuknüpfen[51]. Das Bild der pluralistischen Auseinandersetzung muß komplex gesehen werden und läßt sich jedenfalls nicht auf solche einfachen harmonisierenden Modelle zurückführen. Es verbürgt keineswegs einen allgemeinen Ausgleich der Interessen, es vermag auch das unterschiedliche Gewicht und den verschiedenen Organisationsgrad einzelner Gruppen nicht aufzuheben, aber es läßt jedenfalls die Bildung differenzierter Kräfte und Richtungen offen, ohne eine bestimmte Anschauung oder soziale Macht zu verfestigen und zu perpetuieren[52]. Das entscheidende Moment der pluralen Struktur der politischen Gemeinschaft ist demnach nicht in der Erwartung einer ausgleichenden Wirkung der Offenheit gegenüber verschiedenen Strömungen zu suchen, sondern in der Verhinderung von solchen Herrschaftsmomenten, die in der Festlegung auf bestimmte Anschauungen und politische Richtungen unter Ausschluß der Entfaltung anderer Kräfte bestehen. Der Pluralismus zeigt sich vor allem auch in der Sphäre der Öffentlichkeit, deren Kritik in der Gegenwart die wichtigste Gegenwirkung gegen die herrschende politische Richtung darstellt.

Es ist allerdings richtig, daß sich nach manchen Richtungen Probleme bei der Gewichtung der pluralistischen Kräfte ergeben. Wenn eine Gruppe oder mehrere von ihnen in der politischen Gemeinschaft eine überragende, beherrschende Stellung gewinnen und die Entscheidungen der staatlichen Organe entsprechend zu beeinflussen vermögen, wie dies in vielen westeuropäischen Staaten derzeit in der Stellung der Gewerkschaften zum Ausdruck gelangt, so könnte die Frage entstehen, inwieweit eine solche Lage nicht verfassungsrechtlich Ausdruck finden sollte, wenn nicht der Rahmen von Verantwortung und Kontrolle verdeckt werden würde. Insofern besteht in einer pluralistischen Ge-

---

[51] Zur liberalen Harmonielehre C. *Schmitt,* Verfassungslehre, 1928, S. 315 f. Kritisch zu harmonisierenden Theorien *Narr-Naschold,* Theorie der Demokratie, Bd. 3, 1971, S. 236 ff.

[52] *H. P. Schneider* (Anm. 50), S. 177 f. Wenn *Naschold* (Organisation und Demokratie, 3. Aufl. 1972, S. 47 ff.) das Modell der auf Wettbewerb gegründeten innerorganisatorischen Demokratie kritisch betrachtet, weil es die Partizipation beschränke und bestehende Schichtung erhalte, so ist dies bereits faktisch in Frage zu ziehen und verkennt, daß neuere Partizipationstheorien viel eher minoritären Gruppen eine Sonderstellung einräumen.

sellschaft ein Problem des Gleichgewichtes, das auch von der Seite der faktischen Entwicklung her beeinträchtigt werden kann[53].

Dies Problem der Ausgeglichenheit der verschiedenen Kräfte und Gruppen tritt besonders dort in Erscheinung, wo der moderne Staat sozialen Organisationen wesentliche öffentliche Funktionen überantwortet. Wir sehen das im Bereich des kollektiven Arbeitsrechts, wo nach Art. 9 Abs. 3 GG den Tarifpartnern die Festlegung von Löhnen und Arbeitsbedingungen in einem Kernbereich gewährleistet ist, der ihnen damit zugleich im Rahmen der der Regierung in Art. 109 Abs. 4 GG übertragenen Aufgabe der konjunkturellen Steuerung eine Schlüsselrolle anvertraut. Diese Regelung ruht auf der normativen Voraussetzung realer Gleichgewichtung der beiden Seiten, weil nur dieser Ausgangspunkt es möglich und sinnvoll erscheinen läßt, diesen Gruppen eine so weitreichende die Gesamtheit berührende Entscheidung anzuvertrauen[54]. Würde diese faktische Parität der Partner nicht mehr, und zwar effektiv, gegeben sein, so würde die normative Voraussetzung entfallen, unter der Art. 9 Abs. 3 GG diese Entscheidung an soziale Kräfte überlassen konnte. Eine andere, aber gleichfalls auf Vielfalt und Ausgewogenheit gerichtete Problematik zeigt der Aufbau des derzeitigen Rundfunks und Fernsehens. Die Überlassung an Staatsanstalten der Länder, die selbst dies Instrument nicht für regierungspolitische Ziele nutzen dürfen, hat die Fernsehentscheidung des Bundesverfassungsgerichts[55] dadurch auszugleichen gesucht, daß sie die Freiheit von Staatseinfluß und einseitiger Ausrichtung einer Organisationsform anvertraut hat, die allen in Betracht kommenden gesellschaftlichen Kräften Einfluß in den Organen der Anstalten einräumt, und die rechtlich auf Ausgewogenheit und Sachlichkeit festgelegt ist[56]. Es ist hier nicht auf die Frage einzugehen, ob dies Ziel der „Neutralisierung" der Fernsehanstalten erreicht worden ist. Im Prinzip ist jedenfalls hier eine inhaltliche Pluralität der Sendungen und eine Ausgewogenheit des Programms in politischer, aber auch kultureller und weltanschaulicher Hinsicht angesprochen. Sie wird durch eine organisatorische Heranziehung gesellschaftlicher Kräfte und die formelle Überantwortung der Anstalten an den — auf Neutralität festgelegten — Staat zu lösen gesucht.

Ob hier nicht ein zu großes an liberale Vorstellungen erinnerndes Vertrauen in die selbsttätige Wirkung pluraler Kräfte zum Ausgleich

[53] Hierzu R. Herzog, Staatslehre (Anm. 13), S. 72.
[54] Siehe zu dieser Grundlage der Parität in Art. 9, Abs. 3 GG, J. L. Kaiser, Die Parität der Sozialpartner, 1973, S. 37 ff.; G. Giradet, Die Ausgewogenheit der sozialen Gegenspieler als Verfassungsgebot, Diss. Bonn 1973.
[55] BVerfGE 12, S. 205, 259 ff.
[56] BVerfGE 12, S. 205, 260 f.

hin im Spiele war, ist eine Frage, die sich in der Gegenwart stellt, ohne
daß dadurch die grundsätzliche These, daß das Fernsehen pluraler
Offenheit zu dienen hat, in Zweifel zu ziehen wäre. Die Frage geht eher
dahin, ob die organisatorischen Mittel, die das Gericht als Richtlinie
angab, dies effektiv zu sichern imstande gewesen sind[57].

12. Suchen wir nun aus dem Prinzip des Pluralismus einige Folgerun-
gen für die Gestaltung der staatsrechtlichen Ordnung abzuleiten, so
können wir auf folgende Punkte hinweisen:

a) Der Pluralismus schließt es aus, daß im Staate eine bestimmte
politische Richtung für sich die Richtigkeit ihrer Entscheidungen in
Anspruch nehmen kann. Er fordert die Öffnung zu abweichenden
Strömungen, die Zulassung einer Opposition.

b) Das schließt auch Probleme des Minderheitenschutzes und der
Duldsamkeit (Toleranz) ein. Die offene Demokratie, die vielfältige
Richtungen zuläßt, ist darauf angewiesen, daß diese untereinander, so
sehr sie die eigene Ansicht für richtig halten, doch offen bleiben für
das Nebeneinander anderer Richtungen und für das Zusammenleben
mit ihnen. Gerade wenn man heute Toleranz in einem weiteren Sinne
als geistige Öffnung, besonders aber als Grundsatz des einvernehm-
lichen Zusammenlebens verschiedengerichteter Gruppen verstehen muß,
muß auch im politischen und staatlichen Bereich der Gedanke der
Duldsamkeit erhalten bleiben. Staatliche Einrichtungen dürfen daher,
wo sie auf Meinungsbildung oder Erziehung einwirken, keine einseitige
Ausrichtung — wohl die Hinlenkung auf gemeinsame Grundlagen der
Gemeinschaft — aufweisen. Sie sind nicht zur Farblosigkeit, aber zur
Neutralität gehalten[58].

c) Die Zulassung einer offenen Meinungsbildung und gesellschaftlichen Aktivität von Gruppen ist doch im letzten Ende auf Formen der
Bildung einer politischen Entscheidungsfähigkeit des Staates und
öffentlicher Einrichtungen angelegt. Sie setzt daher die gemeinsame
Anerkennung bestimmter Grundlagen der Gemeinschaft voraus, die
vor allem in den Festlegungen der Verfassung wie in dem Bestand
der überlieferten Institutionen und rechtlichen Ordnung zu finden sind.
Ohne eine solche gemeinsame Basis würde es schwerfallen, den Grundsatz der Mehrheitsentscheidung zu legitimieren, würde auch die

---

[57] Zu den Fragen der organisatorischen Sicherung der Meinungspluralität
im Fernsehen — Rundfunk siehe K. *Schlaich*, Neutralität als verfassungsrechtliches Prinzip, 1972, S. 83 ff.; P. *Lerche*, Werbung und Verfassung, 1967,
S. 96 f.; K. P. *Jank*, Die Rundfunkanstalten der Länder und des Bundes,
1967, S. 24 ff.; Chr. *Starck*, Rundfunkfreiheit als Organisationsproblem, 1973,
S. 67 ff.

[58] Zur Neutralität der Schule siehe *Schlaich* (Anm. 57), S. 91 ff.; *Zacher*,
Der Staat, 9 (1970) S. 183.

Freiheit des öffentlichen Lebens von der Gefahr der Auflösung bedroht
werden können. Zu dieser Grundlage gehört, daß, bei aller Verschiedenheit seiner Interpretation, die Grundlage eines übergeordneten Gemeinwohls anerkannt bleibt, die das Handeln der staatlichen Organe an
ihre Verantwortung allen Bürgern gegenüber — und nicht nur der
sie tragenden politischen Gruppe gegenüber — verpflichtet.

d) Von dieser gemeinsamen Grundlage aus läßt es sich erklären, daß
der demokratische Staat der Offenheit gegenüber gesellschaftlich-
politischen Gruppen gewisse äußerste Grenzen zieht, daß er solche
Richtungen, die in erkennbarer Gegnerschaft zu einer freiheitlichen
Verfassung stehen, die also gerade diese Offenheit beseitigen wollen,
auch wenn sie sie derzeit ausnutzen, mit Beschränkungen in ihrer
Betätigung versieht. Die pluralistische Grundeinstellung ist, wie schon
hervorgehoben, nicht mit einem Relativismus zu verwechseln. Sie
kann zusammengehen mit einer in den Grenzen freiheitlicher Demokratie bleibenden Verteidigung gegen verfassungsgegnerische Kräfte.

e) Es würde zu weit führen, die Pluralität in allen Bereichen des
staatlichen Lebens zu untersuchen. Sie ist ausgeprägt im politischen,
aber vornehmlich auch im geistigen Bereiche. Wenn das Grundgesetz
die Freiheit der Meinungsäußerung, sowie die Freiheit von Kunst und
Wissenschaft anerkennt (Art. 5 GG), so wird damit dieser plurale Zug
ausgeprägt. Er schließt es aus, in die Freiheit der Meinungsbildung
und Presse durch richtungslenkende Maßregeln einzugreifen. Das
schließt aber nicht aus, daß eine Staatsregierung ihre eigene Meinung
und Ausrichtung klar ausdrücken, auch propagieren kann. Dies darf
nur nicht unter Beschränkung anderer Richtungen, abgesehen von
solchen, die die Grundlagen der Gemeinschaft in Frage stellen, geschehen. Dem Staate ist es daher auch nicht verwehrt, eine eigene
künstlerische Meinung zu haben und sie zu fördern, sofern er nicht
andere Strömungen behindert oder beeinträchtigt. Keineswegs gebietet
der Grundsatz des Pluralismus ein soziales oder kulturelles Gießkan-
nenprinzip, das alle gleichmäßig fördert. Auch der plurale Staat kann,
durch die jeweilige Regierung, hier eine eigene Ansicht und Haltung
zeigen.

f) Nur am Schluß sei kurz darauf hingewiesen, daß sich die pluralistische Grundlage der heutigen bundesdeutschen Verfassungsordnung
aus zahlreichen Bestimmungen des Grundgesetzes — der Meinungsfreiheit, der Freiheit von Wissenschaft und Kunst, der Vereinigungsfreiheit, der Ermächtigung der Tarifpartner in Art. 9 Abs. 3, der Freiheit
der Parteibildung in Art. 21 — deutlich ableiten läßt. Das Bundesverfassungsgericht hat insbesondere im weltanschaulich-religiösen Bereich
diese Pluralität entwickelt und daraus auch, wie es hier geschehen ist,

Neutralitätspflichten des Staates und seiner Einrichtungen hergeleitet[59]. Nicht weniger geht in die gleiche Richtung seine Betonung der Meinungs- und Pressefreiheit als fundamentaler Prinzipien des demokratischen Staates[60]. Es kann demnach kein Zweifel bestehen, daß die pluralistische Grundrichtung in der Struktur der Verfassungsordnung des Grundgesetzes ihre Stütze findet.

III. Die Rolle des Konsenses
in der Theorie und der Verfassung

13. Für den Aufbau des demokratischen Staates, der auf dem Willen und der Zustimmung seiner Bürger beruht, stellt der Vorgang der Herbeiführung ihrer Übereinstimmung in der politischen Entscheidung ein grundlegendes Element seiner Verwirklichung als politisches Geschehen dar. Dort, wo die Macht in der Hand eines einzelnen, Monarchen oder Diktators, oder einer elitär herausgehobenen Gruppe ruht, bedarf es dieser Gewinnung eines die Gesamtheit darstellenden Willens nicht in gleicher Weise. In der monarchischen Spitze verkörperte sich einst, als sie noch eine wirkliche Leitung besaß, Einheit und Handeln des Ganzen, von ihr leitete sich die rechtliche Vollmacht der staatlichen Organe ab[61]. In der aristokratischen Herrschaft begrenzter Schichten mit ihrer Bevorzugung kollegialer Leitung und beschließender Versammlungen tritt die Frage nach der Bildung und Erhaltung des Konsenses schon deutlicher hervor, bleibt aber auf den inneren Kreis der Bevorrechtigten beschränkt. Erst in der Demokratie, die als Regiment des Volkes alle oder jedenfalls einen weiten Kreis des Volkes zur Mitwirkung beruft, wird die Zustimmung aller oder jedenfalls der Mehrheit zu einem notwendigen Ausgangspunkt für die Entscheidung und das Handeln der Gesamtheit. Geht man davon aus, daß auch der demokratische Staat, selbst dort, wo enge Verhältnisse ein Zusammentreten aller zur politischen Beschlußfassung möglich machen, erst recht aber in größeren räumlichen Verhältnissen über Instrumente verfestigter Staatsleitung verfügen muß, daß also auch die Demokratie nicht eine herrschaftslose Staatsform darstellt, so rückt die Frage nach der Einsetzung der leitenden Ämter und ihres Verhältnisses zum Volke in den Mittelpunkt. Die Formung eines gemeinschaftlichen politischen Willens kann in der Demokratie nur auf der

---

[59] Vgl. BVerfGE 10, S. 59, 84; 12, S. 45, 54; 19, S. 1, 8; 19, S. 223, 238 ff.; 19, S. 268, 278 ff.; 24, S. 236, 247 f.

[60] BVerfGE 7, S. 198, 208; 25, S. 256, 265, und dazu *Hesse*, Grundzüge (Anm. 5), S. 160.

[61] Zur Stellung des Monarchen im absoluten Staate siehe für das französische Beispiel E. *Schmitt*, Repräsentation und Revolution, 1969, S. 65 ff.

Zustimmung des Volkes — gleich wie weit dessen Grenzen gezogen
sind — beruhen, die sich nicht auf die Hinnahme der Entscheidungen
der zur Leitung berufenen Stellen beschränkt. In der demokratischen
Theorie gewinnt daher notwendig der Konsens eine besondere Bedeutung, zumal sich in ihm die grundsätzliche Frage der Volksherrschaft
äußert, wie die Freiheit des einzelnen mit seiner Einfügung in das
Ganze zusammengeht.

Wir haben gesehen, daß schon im Mittelalter dort, wo populistische
Strömungen auftraten, der Gedanke der Ableitung aller Autorität aus
dem Konsens auftritt. Die Lehre vom Staatsvertrage hat dann vom
16. bis 18. Jahrhundert die Gründung der Gemeinschaft aus einem
Vertrag hervorgehen lassen[62], an dem alle Bürger sich zusammenfinden,
um eine Herrschaft einzusetzen oder sich ihr zu unterwerfen. Dieser
Vertrag konnte freilich bei manchen, wie etwa bei Hobbes, den vollen
Verzicht auf eigene Teilnahme an der Herrschaft in sich schließen.
Das 19. Jahrhundert hat diesen niemals als geschichtliches Faktum,
sondern nur als gedankliches Modell gedachten Vertragsbegriff aufgegeben. Besonders in Deutschland hat es vielmehr mit Hilfe verschiedener Vorstellungen, der Idee des Staates als einer in sich bestehenden substantiellen Einheit des Willens (Hegel)[63], dem Bilde vom
willensbegabten Organismus, der Lehre von der Fürsten- oder Volkssouveränität die Einheit des staatlichen Handelns gewissermaßen als
vorgegeben angesehen und so den Gedanken an die Erringung des
politischen Willens in den Hintergrund geschoben. Erst in der Gegenwart, in der sich die Theorie der demokratischen Gemeinschaft von dem
älteren Gedanken einer substanzhaft gedachten Staatsgewalt löst, gewinnt der Prozeß der Formung der politischen Einheit neue Bedeutung.

In der Demokratie geht es nicht allein um die Ableitung der Leitungs-
macht aus dem Volke, in ihr kommt es auf die Herstellung einer für
die Gesamtheit verbindlichen Entscheidungsmacht an, deren Beschlüsse
auch bei den Gruppen der Opposition und der nicht unmittelbar an der
Entscheidung beteiligten Kreise als verbindlich Annahme finden. Der
Vorgang der Formierung eines für die Gesamtheit verbindlichen
Willens, in Formen, die der gefaßten Entscheidung Legitimität und
Verbindlichkeit verleihen, seine Anerkennung durch die Gesamtheit,

---

[62] Zur Lehre vom Staatsvertrage siehe *O. v. Gierke*, Johannes Althusius,
4. Aufl. 1929, S. 79 ff.; *J. W. Gough* (Anm. 18), S. 67 ff., 105 ff.; *H. Steinberger*,
Konzeption und Grenzen freiheitlicher Demokratie, Beiträge zum ausländischen öffentlichen Recht und Völkerrecht, Bd. 60, 1974, S. 35 ff. Daß manche
Autoren zwei oder mehrere Verträge (über Staatsgründung und Herrschafts-
einsetzung) kennen, ist hier nicht weiter zu verfolgen, weil diese Auffassungen am grundsätzlichen Konsens festhalten.
[63] *G. W. F. Hegel*, Grundlinien der Philosophie des Rechts (Hrsg. Hoff-
meister), 4. Aufl. 1955, § 258.

bildet den Kern des politischen Lebens[64]. Er setzt mehr als nur einen staatsbegründenden oder verfassungsstiftenden Konsens voraus, er fordert eine immer wieder sich erneuernde Konsensbildung. Konsens in der Demokratie ist nicht ein einmaliges Geschehen, er bildet den Grundzug der politischen Vorgänge, in denen sich das Wirken eines Volksstaates abspielt.

14. Die naturrechtliche Theorie des Staates postulierte den Konsens aller für die Begründung des politischen Verbandes und die Einsetzung der Herrschaft. Dem folgt die Darlegung der Bedeutung des Konsenses bei John Locke, bei dem die Einigung aller Bürger auf das Zustandekommen der Gemeinschaft gerichtet ist und noch nicht in deutlicher Weise auf die Führung der Regierung bezogen wird[65]. Immerhin führt Locke bereits die Autorität des Gesetzes auf den Konsens der Gemeinschaft zurück[66] und sieht die Möglichkeit des Widerstandes gegen eine ungesetzliche, tyrannische Regierung vor[67]. Diese Gedanken gewannen jedenfalls in der angelsächsischen Welt in der Folge eine Kraft, die sich vor allem in den Ideen der amerikanischen Revolution zeigte. Die Erklärung der Unabhängigkeit der Kolonien vom 4. Juli 1776 betonte die Freiheitsrechte und fährt fort: "That to secure these rights, governments are instituted among men, deriving their just powers from the consent of the governed; that whenever any form of government becomes destructive of these ends, it is the right of the people to alter or to abolish it, and to institute a new government[68]." Daß eine Staatsleitung auf der Zustimmung der Regierten beruhen müsse, ist ein fester Grundsatz der angelsächsischen Auffassung vom demokratischen Gemeinwesen[69]. Dieses Einverständnis wird durch die

---

[64] Die Natur dieses Konsenses ist freilich ein komplexer Vorgang. Er ist deutlich ausgeprägt in dem Verhalten der repräsentativen Vertretung des Ganzen oder besser in deren Mehrheit, er ist dagen eine aus aktiver Mitwirkung (Wahlen, Abstimmungen) und allgemeiner Stützung des politischen Systems gemischte Zustimmung beim Bürger. Vgl. *Hättich* (Anm. 36), S. 47 f.; *W. von Simson*, VVDStRL 29 (1971), S. 13 f., 30 ff. Zur Theorie der Systemstützung (System Support) siehe *John C. Wahlke*, Policy Demand and System Support in Gerhard Loewenberg, Modern Parliaments. Change or Decline, Chicago 1971, S. 141 ff.

[65] Two Treatises on Government II, § 121, 122. Über das Fehlen einer Forderung fortdauernder Konsenses siehe *J. W. Gough*, Locke's Political Philosophy (Anm. 25), S. 65.

[66] Two Treatises II, § 134.

[67] Two Treatises II, § 207 - 209.

[68] Siehe auch die Verfassung von Virginia v. 12. 7. 1776 Sect. 2: "That all power is vested in, and consequently derived from, the people; that magistrates are their trustees and servants, and at all times amenable to them." Daher gibt dann Sect. 3 dem Volk das Recht, "when any government shall be found inadequate or contrary to these purposes, a majority of the community has an indubitable, inalienable, and indefeasible right to reform, alter, or abolish it." Vgl. ferner *H. Steinberger* (Anm. 62), S. 41.

Repräsentanten des Volkes, das Parlament, ausgedrückt und führt folgerichtig zu der Einsetzung der Regierung durch deren Mehrheit, zu dem System des responsible government[70]. Der Konsens hat demnach einen festen und grundlegenden Ort in der politischen Theorie Englands und der Vereinigten Staaten. Er verbindet sich hier, ebenfalls bis auf das 17. Jahrhundert und Locke zurückgehend, dem Gedanken, daß Regierung und Amt einen Vertrauensauftrag des Volkes, einen trust darstellen, der seiner Natur nach begrenzt und widerruflich ist[71].

Für die kontinentale Lehre ist die Befassung mit dem Konsens in starkem Maße durch Rousseau beeinflußt und damit auch in gewissem Umfang belastet worden. Rousseau hält an der Vorstellung der Staatsgründung durch Vertrag fest, durch die das Individuum sich der Leitung der volonté générale unbedingt unterwirft. In der Vorstellung dieses Gemeinwillens, der nicht irren kann und dem der einzelne sich vollkommen einordnet, wird aber der eigentliche Vorgang des Konsenses, der ständigen Gewinnung einer Übereinstimmung verdeckt und durch eine ideell und normativ vorausgesetzte Gemeinsamkeit ersetzt, die eine uniforme Gesinnung der Bürger fordert und nicht ihren realen Willen, sondern ihre ideale Vernunft verkörpert. Gegenüber der Einheit dieses Gemeinwillens gibt es keine sozialen Gruppen und auch keine legitimen Meinungsverschiedenheiten. In dieser Tendenz liegen die verborgenen repressiven Züge der Rousseauschen Doktrin beschlossen[72]. Der Versuch des Genfer Philosophen, Freiheit und öffentliche Ordnung zu vereinen, führte ihn nicht zum freien Konsens, sondern zu dem Postulat einer einheitlichen politischen Gesinnung der Bürger, in der der einzelne seine Freiheit wiederfinden soll.

Die französische Lehre ist diesen Ideen nur soweit gefolgt, als sie die Ableitung aller Gewalt aus dem Volke im Begriff der nationalen Souveränität entwickelt hat, sie hat aber die volle Einordnung des einzelnen in den Gemeinwillen ebenso abgelehnt, wie sie die von Rousseau verworfene repräsentative Form der Demokratie angenommen hat[73]. Im Ergebnis gelangte die traditionelle französische Auffas-

---

[69] Sieh J. St. Mill, Representative Government (Everyman's Edit.), 1957, S. 217, mit Betonung der Partizipation aller; S. M. Lipset, Political Man, London 1963, S. 22 ff.; C. J. Friedrich, Man and His Government, New York 1963, S. 239.

[70] Zum Zusammenhang von Demokratie, responsible government und representation siehe Sir Ivor Jennings, Cabinet Government, 3. Aufl. Cambridge 1959, S. 13 f.

[71] Locke, Two Treatises II, § 171, 240. Dazu J. W. Gough, Locke's Political Philosophy (Anm. 25), S. 154 ff.

[72] Vgl. oben Anm. 27; J. W. Gough, Social Contract (Anm. 18), S. 164 ff.

[73] Ich verweise hier auf die Lehre von Benjamin Constant, Cours de Politique Constitutionelle, Collection Complète des Ouevres, Bd. 1, 1818, S. 173 f., 183 ff., der die volonté générale annimmt, aber die unbegrenzte

sung zu einem Bilde, das aus der nationalen Souveränität die Legitimität der staatlichen Gewalt herleitete und den nationalen Willen in erster Linie in der Volksvertretung dargestellt sah[74]. Die Anerkennung von Parteien und sozialen Gruppen fügte sich in dieses Bild ein, in dem Züge der bestehenden nationalen Einheit und der aus ihr abgeleiteten volonté nationale wiederum der Herausarbeitung der Bildung dieses Willens entgegenstanden. Der Konsens bleibt mehr für die Grundkonstituierung des Gemeinwesens bedeutsam[75]. Die neuere marxistisch beeinflußte Theorie der démocratie gouvernante sucht eine Realisierung des Volkswillens durch Unterordnung der Leitenden zu bewirken[76]. Im Ganzen jedenfalls ist die Bedeutung einer allgemeinen Zustimmung für den demokratischen Prozeß in Frankreich schwächer ausgeprägt als in der angelsächsischen Theorie, teils in Nachwirkung des Einheitsdenkens der Revolution, teils durch den neueren Einfluß einer zum Ausdruck des reellen Volkswillens drängenden marxistischen Auffassung.

15. Die Stellungnahme der deutschen Staatstheorie zu den hier vorliegenden Fragen ist im 19. Jahrhundert durch zwei Momente bestimmt worden. Im ersten Teil dieses Jahrhunderts trug der Aufbau der deutschen Staaten dualistischen Charakter; der überlieferten monarchischen Organisation stand die Volksvertretung mit begrenzten Rechten gegenüber. In dieser Lage lag es nahe, die Willensbildung der Gesamtheit aus der in Staatshaupt und Exekutive gegebenen Einheit abzuleiten und in dem Begriff der Staatsgewalt diese Einheit gewissermaßen als vorgegeben anzunehmen. In der Tat hat die Personifikation des Staates und seine Ausstattung mit einer aus dem Souveränitätsgedanken abgeleiteten Herrschergewalt die Lehre der zweiten Hälfte des 19. Jahrhunderts bestimmt[77]. In ihrer vorausgesetzten Willenseinheit ließ sie ein Verständnis der Willensbildung als eines Vorgangs der Gewinnung politischer Entscheidung nur begrenzt zu. Zweitens verstärkte sich diese Situation dadurch, daß die konstitutionelle Theorie den Staatswillen immer noch in erster Linie in der Exekutive und

---

Unterwerfung der Bürger unter sie ablehnt und das repräsentative Prinzip vertritt.

[74] Darstellung der „klassischen" französischen Theorie bei *G. Burdeau,* Traité de Science Politique, Bd. 4 (1952), S. 243 ff.

[75] Siehe *Burdeau,* Traité, Bd. 1 (1949), S. 109 ff.

[76] *Burdeau,* Traité, Bd. 6 (1956), S. 213 ff., 292 ff. Die Idee der démocratie gouvernante und des Staats als Bündel von Diensten geht schon auf Léon Duguit zurück.

[77] Siehe die Behandlung der Staatsgewalt bei *Gg. Jellinek,* Allg. Staatslehre, 3. Bearb. Neudruck 1860, S. 427 ff. Hier wird einfach aus der Forderung, daß ein Zweckverband einen Willen haben müsse, eine solche Verbandsgewalt und weiter die dem Staat entsprechende souveräne Herrschergewalt abgeleitet.

ihrem Handeln verkörpert sah, und demgegenüber die Formen parlamentarischer Beschlußfassung zurücktraten. Erst recht fanden Parteien und Interessenverbände in diesem Vorstellungsbilde keinen rechten Platz. Sie wurden dem gesellschaftlichen Raume zugewiesen; ihr Kampf um die Staatsmacht wurde gesehen, aber ihre Erscheinung wurde doch streng von den Verfassungsorganen des Staates getrennt gehalten[78]. Diese Vorgabe einer bestehenden Einheit des Staates und seiner Gewalt erstreckte sich auch auf die Konzeption der Gewaltenteilung. Sie wurde als Aufgliederung einer einheitlich vorgestellten Staatsmacht angenommen, statt als Aufbau einer institutionell gegliederten Organisation des Staates verstanden zu werden[79].

Die Einsicht in die Bedeutung willentlicher Übereinstimmungen im Staate hat erst in neuerer Zeit von mehreren Ansätzen her eingesetzt. Der wichtigste unter ihnen ist die Aufgabe der Vorstellung vom Staat als einer substantiell gedachten Einheit, die willensbegabt und in sich geschlossen ist, und die Einsicht darin, daß die Erscheinung des Staates als politischer Prozeß, als eine Verwirklichung eines Wirkungszusammenhanges menschlichen Denkens und Handelns verstanden werden muß[79a]. Mit einer solchen Auffassung ergibt es sich von selbst, daß der Gewinnung einheitlicher und verbindlicher Entscheidungen und ihrer Durchsetzung eine neue Bedeutung zugemessen wird. Es werden sodann die Lebensäußerungen des Staates, vor allem im politischen Bereich, nicht nur als Entscheidungen verstanden, sondern als Vorgänge komplexer Natur, bei denen sowohl die Formung der zu fassenden Entscheidung aus einer Vielfalt von Ansichten und Kräften, wie ihre Durchsetzung in der Gesamtheit, ihre Annahme durch das Ganze schärfer beleuchtet wird. Endlich aber richtet sich der Blick auch auf Konsensbildungen unter sozialen Gruppen, deren Einigung, wie der der Sozialpartner, in der Rechtsordnung des Staates bestimmte öffentliche Aufgaben zugewiesen sind.

An drei Bereichen des heutigen Verfassungsrechts soll die grundlegende Bedeutung des Konsenses für die Funktionen des demokratischen Staates und seine Handlungsfähigkeit aufgewiesen werden. An dem Grundkonsens, der die Verfassung trägt und der über den Wechsel der Mehrheitsbildung und Regierung hinweg die dauerhafte Zielrichtung des Staates und die Sicherung der bürgerlichen Freiheit festlegt, und den Bedingungen, unter denen die Mehrheitsbildung und die Gleichsetzung der Majorität mit der Beschlußfassung des Ganzen steht

---

[78] Siehe *Gg. Jellinek* (Anm. 77), S. 113 ff. und *H. Rehm*, Deutschlands politische Parteien, 1912, S. 1 - 4.

[79] Zur Gewaltenteilung als funktionale Gliederung siehe *Smend*, Staatsrechtliche Abhandlungen, 2. Aufl. 1968, S. 205 ff.

[79a] Siehe hierzu *H. Heller*, Staatslehre, 1934, S. 228 ff.; *R. Bäumlin*, Recht, Staat und Gesellschaft, Zürich 1961, S. 18 f.

und die es in pluralistischen Gesellschaften mit wechselnder Mehrheitsbildung ermöglichen, Entscheidungen der Mehrheit und der regierenden politischen Gruppe als für die Gesamtheit verbindlich anzunehmen. Endlich an den besonderen Formen, in denen in bestimmten öffentlichen Bereichen verbindliche Festsetzungen durch soziale Gruppen getroffen werden können, denen die Rechtsordnung eine Vollmacht oder einen Auftrag hierzu erteilt hat. Konsens erscheint in diesem letzteren Zusammenhange nicht so sehr als ein Bestandteil demokratischer, sondern eher ständischer Willensbildung

16. Wenden wir uns zunächst dem Grundkonsens zu, der die politische Gemeinschaft trägt, und der in der Gegenwart weithin in der Form der Verfassungsordnung Gestalt angenommen hat. Der politische Verband des Staates als einer auf stete Aktualisierung angelegten Wirkungseinheit ruht auf den institutionellen Ordnungen, die ihm die Kontinuität und die Bereitschaft zum Handeln sichern. Sie begründet sich daneben aber auf eine grundsätzliche Übereinstimmung der Bürger mit der staatlichen Ordnung, die nicht nur deren organisatorische Gestalt, sondern auch deren sachliche Ziele und Ausrichtung umfaßt. In der Demokratie ist die Bestimmung der jeweiligen politischen Richtung des Staates der Hand wechselnder Amtsträger, Regierungen und Parlamentsmehrheiten anvertraut, die jeweils nur von einem Teil des Volkes getragen werden. Wenn sich auch diejenigen Bürger, die nicht mit der herrschenden politischen Anschauung oder Partei übereinstimmen, ihrer Entscheidung fügen, so beruht diese Anerkennung auf dem Grundkonsens der Verfassung, der den ordnungsgemäß bestellten Verfassungsorganen legitime Macht verleiht und bei allen die Bereitschaft zur Annahme ihrer Verfügungen begründet. Diese Hinnahme politischer Entscheidungen wird insbesondere dadurch verstärkt, wenn eine Verfassung bestimmte gemeinsame Grundlagen des Zusammenlebens — Freiheitsrechte der Bürger, Staatsziele und Richtungsbestimmungen — festlegt und damit dem Wechsel politischer und parteilicher Leitungsgruppen entzieht. In diesem Zusammenhang kann eine Verfassung als eine Einigung über die institutionellen, vor allem aber über die sachlichen Grundlagen des Staates verstanden werden, die von allen gemeinsam angenommen werden.

Es reicht nicht aus, in der Verfassung mit der liberalen Auffassung nur eine Beschränkung der Staatsmacht, eine limitierende Norm zu sehen[80]. Ebensowenig ist es zureichend, wenn an ihr das Moment der Entscheidung allein betont wird[81]. Ihr wesentlicher Sinn ist auf die

---

[80] In diesem Sinne auch *Badura*, Ev. Staatslexikon, 2. Aufl. 1975, Sp. 2710; *ders.*, Festschrift f. U. Scheuner, 1973, S. 26, 32.
[81] Wie dies bei *Carl Schmitt*, Verfassuigslehre, 1928, S. 44 geschieht.

Zukunft gerichtet, für die sie auf lange Dauer Verfahren und inhaltliche Ausrichtung der staatlichen Gemeinschaft bestimmen möchte.
Dieser in die Zukunft gerichtete Aspekt, die Verfassung als verbindlicher Entwurf gemeinsamer Entwicklung, ist es, den man als Grundkonsens bezeichnen kann. Er trägt nicht selten Kompromißcharakter,
wie es bei den Verfassungen von Weimar (1919) und Bonn (1949) der
Fall war. Darin liegt ein gewisses Element des Vertraglichen, auch
wenn man die ältere Vorstellung des Staatsvertrages heute nicht mehr
verwenden mag. Sie läßt sich, wie Badura gezeigt hat, deuten als „ein
Plan, der Aufgaben normiert, ein Versuch der Bestimmung der politischen Zukunft durch Leitgedanken und Richtlinien für den politischen Prozeß und die Wirksamkeit des Staates, der Entwurf einer
politischen Form"[82]. Auf dieser Basis erwächst das Vertrauen, das den
Staat und seine Organe trägt[83].

Aus dieser Konzeption der Verfassung ergibt sich, daß die staatliche
Gemeinschaft eine solche gemeinsame Grundlage benötigt, die die
äußere Ordnung ihrer Institutionen und — in dieser oder jener Form,
in Grundrechten oder Zielbestimmungen der Verfassung nieder-
gelegt — die sachlichen Aufgaben ihrer Wirksamkeit festlegt[84]. In
einem weiteren Sinne ruht jede Staatsform auf solcher — oft mehr
passiven — Übereinstimmung in Grundfragen. Im besonderen aber
gilt das von der Demokratie, die aus der Mitwirkung und freiwilligen
Zustimmung der Bürger hervorgeht. Ohne diese gemeinsame Grundlage könnten politische Entscheidungen ihrer Organe ins Leere fallen,
weil sie nicht mehr von einer Zustimmung getragen werden. Dadurch
wird der Entscheidung des Gesetzgebers eine Begrenzung gegeben,
auf die sich die Sicherheit von Minderheiten und Sozialgruppen grün-
det, die nicht zur jeweiligen herrschenden Richtung gehören. Gewiß
kann sich diese gemeinsame Grundlage im Laufe der Zeit durch einen
Wandel der Verfassung, der nicht nur tatsächliche Abweichung, sondern
echte normative Veränderung bedeutet, fortbilden. Doch sind solchen
Wandlungen des normativen Gehaltes insbesondere dort, wo eine Ver-

---

[82] *Badura*, Festschrift Scheuner (Anm. 80), S. 33.
[83] Zum Vertrauen W. *Hennis*, Die mißverstandene Demokratie, 1973, S. 17.
[84] Die Theorie des Grundkonsenses ist in der deutschen Lehre noch wenig
entfaltet. Siehe indes *Badura*, Festschrift Scheuner (Anm. 80), S. 27, 33. Ähnlich D. *Grimm*, AöR 97 (1972), S. 500 über die Verfassung als Sozialordnung.
Auf breiter Grundlage und in differenzierter Weise arbeitet den Verfas-
sungskonsens heraus H. P. *Schneider*, Die parlamentarische Opposition im
Verfassungsrecht der Bundesrepublik Deutschland, Bd. 1, 1974, S. 100, 115,
167, 375. Eine Äußerung aus den Ver. Staaten mag dies ergänzen. In einer
Rede in Philadelphia äußerte sich der Präsident der Vereinigten Staaten
Ford einem Bericht gemäß (International Herald Tribune 20. 5. 1975) wie
folgt: "He spoke of seeking 'a consensus of national purpose' and said that,
while a free people will never find unanimity", they must at least agree
on the "pursuit of certain common goals in order to remain free".

fassungsgerichtsbarkeit über seine Einhaltung wacht, engere Schranken gezogen[84].

Wo aber das Handeln der politischen Staatsleitung die Sphäre des Grundkonsenses verläßt, entsteht — ganz abgesehen davon, ob eine Verfassungsverletzung erfolgt und ob ein Verfahren zu ihrer Feststellung besteht — eine Erschütterung des Gemeinwesens, dessen Veränderung über seine konstitutiven Züge hinaus nun nicht mehr von einem allgemeinen Konsens getragen wird. In krassen Fällen kann das zum Schwinden des Gehorsams der Bürger und zum Niederfall der Verfassungsordnung führen.

17. Auch innerhalb der Verfassungsordnung findet der Konsens seinen Platz bei der Bildung der politischen Entscheidungen, insbesondere dort, wo diese repräsentativen Versammlungen oder dem Volke unmittelbar anvertraut sind. Gerade in der Demokratie wird die politische Richtung der Gesamtheit in weitem Umfang durch Verfahren der Beschlußfassung der Gesamtheit oder ihrer Vertretung gewonnen. In der Regel gibt für die Entscheidung hier, mag sie die Einsetzung leitender Regierungsorgane oder die Gesetzgebung betreffen, das Mehrheitsprinzip den Ausschlag. Ohne in sich eine tiefere Rechtfertigung, etwa in der Vermutung der Nähe der größeren Zahl zur Richtigkeit und Vernunft der Entscheidung zu beanspruchen[85] oder der Quantität eine größere Autorität zuzuschreiben, stellt das Mehrheitsprinzip ein seit alter Zeit herangezogenes Entscheidungsmittel dar, das indes an ganz bestimmte Voraussetzungen seiner Anwendbarkeit gebunden bleibt[86].

Das Mehrheitsprinzip erfordert, daß die Entscheidung direkt durch die Gesamtheit erfolgt oder durch Vertretungen, die eine echt repräsentative Funktion ausüben[87]. Es setzt stets ein geordnetes Verfahren voraus, in dem Meinungen offen hervortreten können und die Entschließung in informierter und freier Weise erfolgt[88]. Die moderne Zeit hat dies bei den Volkswahlen, die durch Parteien und Gruppen vorbereitet werden und eine umfassende Unterrichtung wenigstens ermöglichen, zu einem komplexen, manchen eigenen Gesetzen folgenden

---

[85] Gegen diese Annahme H. Krüger, Allgemeine Staatslehre, 2. Aufl. 1964, S. 284.

[86] Zur Geschichte und Deutung des Mehrheitsprinzips siehe meine Schrift: Das Mehrheitsprinzip in der Demokratie (Rheinisch-Westf. Akademie der Wiss.). Vorträge Geisteswiss. G. 191 (1973), S. 176 f.

[87] H. Krüger (Anm. 86), S. 285. Es ist freilich zu berücksichtigen, daß eine solche repräsentative Eigenschaft in nichtdemokratischen Staatsformen, wie in der älteren Zeit, auch ständischen nicht auf Wahl beruhenden Vertretungen zukommen kann. Dasselbe gilt, wie wir sehen werden, auch von den Formen ständischer Vertretung, die der moderne Staat in sich aufnimmt.

[88] Daher kann Konsensbildung heute ein komplexes vielstufiges Verfahren und Kräftespiel darstellen. Vgl. H. P. Schneider (Anm. 84), S. 176 f.

Modus ausgebaut[89]. Die Mehrheitsentscheidung ruht aber ferner auf
dem Grundkonsens, der gewisse Fragen der jeweiligen Disposition der
Mehrheit entzieht und damit der überstimmten Minderheit die Annahme einer Entscheidung der Mehrheit und ihrer Herrschaft in der
Staatsleitung für kürzere oder längere Zeiträume ermöglicht. Dem
Schutze dieser Basis dient die Erschwerung der Verfassungsänderung,
die etwa in der Bundesrepublik eine Änderung der Verfassung an den
Konsens aller wesentlichen politischen Kräfte bindet. Das Mehrheitsprinzip findet ferner eine Schranke dort, wo Fragen zur Entscheidung
stehen, die der Verfügung der Mehrheit nicht unterworfen werden
können. Dazu gehört seit alters die religiöse Situation[90], die Differenzierung in nationale Gruppen[91], und es mögen auch andere Bereiche,
etwa der der Familie in ihrem engsten Bereich, hierher gezählt werden
können. Praktisch werden durch den Schutz der Grundrechte auch
andere Bereiche, die individuellen Lebensentscheidungen oder die
Meinungsfreiheit, der Verfügung einfacher Mehrheiten entzogen. Die
Mehrheitsentscheidung setzt auch eine plurale Offenheit voraus, da sie
von der Möglichkeit differenzierter Meinungen und ihrer Gleichheit
in dem hier gezeichneten Rahmen ausgeht. An diesem Punkte berühren
sich Pluralismus und Konsensbildung. Ohne Zulassung verschiedener
Auffassungen, ohne — wie wir heute sagen können — Opposition, kann
eine verbindliche Konsensbildung in der modernen Demokratie nicht
möglich sein. Zu den mehr tatsächlichen Voraussetzungen jeder Mehrheitsentscheidung gehört auch die Möglichkeit des Wandels der Mehrheit. Strukturelle Minderheiten, insbesondere nationale oder auch
sozial schwache Gruppen, bedürfen daher des besonderen Schutzes, der
sie nicht der unabänderlichen Mehrheitsherrschaft ausliefert.

Endlich aber besitzt die Mehrheitsentscheidung auch ihren Sinn nur
für die öffentlichen, politischen Angelegenheiten. Ihr Verfahren kann,
was die heutige Strömung einer sog. „Demokratisierung" aller Lebensbereiche übersieht, nicht auf solche Räume menschlicher Lebensführung
erstreckt werden, die eigenen Sachgesetzen und Grundstrukturen unterliegen, wie dies für das Verhältnis von Eltern und Kindern, Lehrer
und Lernendem, Fachmann und Gehilfen, Arzt und Patient gilt[92].

---

[89] Hierzu H. P. Schneider (Anm. 84), S. 194 ff.

[90] Hierzu meine Darlegung in: Mehrheitsprinzip (Anm. 86), S. 28 f. Bekannt
ist die Regelung des Westfälischen Friedens von 1648, die Beschlußfassun-
gen des Reichstags über religiöse Fragen an die itio in partes der beiden
Konfessionsparteien band.

[91] Zur nationalen Frage siehe P. Schäppi, Der Schutz sprachlicher und
konfessioneller Minderheiten im Recht von Bund und Ländern, Zürich 1971.

[92] W. Hennis, Demokratisierung, in: Die mißverstandene Demokratie,
Demokratie, Verfassung, Parlament, Studien zu deutschen Problemen, 1973,
S. 34 f., 38 ff.

18. Die Konsensbildung erstreckt sich also bei der Mehrheitsentscheidung nicht nur auf die Gewinnung der Mehrheit in sich, sondern auf die Auswirkung ihrer Entscheidungen auf die nicht zur herrschenden Mehrheit gehörenden Gruppen und deren Einordnung in sie. Insofern spielt sich die Mehrheitsentscheidung innerhalb eines Grundkonsenses ab. Diese Überlegungen gelten auch für die heutige Gesetzgebung, für die neben den Parteien des Parlamentes noch die außerparlamentarischen Kräfte einzubeziehen sind. Das bedingt gewisse vertragsartige Elemente der heutigen Gesetzgebung, deren Inhalt zuweilen zwischen Bürokratie, Interessengruppen und Parteien ausgehandelt wird[93]. Auch hier begegnen einverständliche Grenzen, die eingehalten werden und die heute zuweilen weit über verfassungsrechtliche Festlegungen hinaus gewisse soziale Erwartungshaltungen mächtiger Gruppen umfassen[94].

Im Raum der Staatsleitung, der grundsätzlichen politischen Entscheidungen, wird die Rolle des Konsenses, was hier nur angedeutet werden kann, durch die Regierungsform und ihre Ausgestaltung durch die Verfassungskonventionen vorbestimmt.

In der dualistisch aufgebauten Präsidentschaftsform der Vereinigten Staaten gilt für manche Grundentscheidungen die Notwendigkeit des Konsenses zwischen Präsident und Kongreß. In den parlamentarischen Regimen, vor allem solchen mit Zweiparteiensystem, herrscht das Mehrheitsprinzip. Der allgemeine Konsens aller Gruppen wird selten gesucht. In der Gegenwart beobachtet man sogar hier eher eine neue Tendenz zu scharfer Polarisierung, die zuweilen an den Rand der Gefährdung des Grundkonsenses führen kann[95]. Demgegenüber gewinnt der Konsens eine weitere Rolle in solchen Regimen, die an der Staatsleitung sämtliche Parteigruppen oder doch jedenfalls die überwiegende Mehrzahl von ihnen beteiligen. In diesem System der „Konkordanzdemokratie" wird in der Tat ein dem allgemeinen Konsens näherkommender Einigungsvorgang sichtbar, dessen Schwäche in der mangelnden Ausprägung von Alternativen, vielleicht auch in langsamerer Innovation liegt[96]. Unzweifelhaft aber treten in der Gegenwart

---

[93] Auf diese Elemente hat neuerdings *L. Wildhaber*, Ztschr. f. Schweizerisches Recht, 94 (1975) S. 120 f., 122 ff. zu Recht hingewiesen.

[94] Auf diese Erwartungshaltungen nimmt das Sondergutachten des Sachverständigenrates vom 19. 8. 1975 (BT-Drucksache 7/3976, S. 8) Bezug, wenn hier die Frage aufgeworfen wird, wie weit der „soziale Konsens" ausreiche, um Bedingungen herzustellen, die zu Vollbeschäftigung und angemessenem Wirtschaftswachstum führen.

[95] Innerhalb der Mehrheit spielt der Konsens eine wichtige Rolle bei den sog. Koalitionsvereinbarungen. Zu ihnen siehe *A. Schuele*, Koalitionsvereinbarungen im Lichte des Verfassungsrechts 1964; für die Schweiz *Wildhaber* (Anm. 92), S. 128.

[96] Zur Natur der Konkordanzdemokratie siehe *G. Lehmbruch*, Die Proporzdemokratie, 1967; *M. Imboden*, Die Politischen Systeme, Basel 1962, S. 42 ff.

an manchen Stellen des politischen Lebens die vertragsmäßigen Formen der Konsensgewinnung eher stärker hervor. Daß föderale Strukturen auf Konsensbildung angelegt sind, mag hier nur kurz vermerkt sein. Das Verhältnis der Einzelstaaten untereinander, wie das von Gesamtstaat und Gliedern, ist stark von vertragsähnlichen Einigungen durchsetzt.

19. Für die Bildung des Konsenses erwiesen sich die repräsentativen Strukturen der Demokratie noch immer als die geeignetsten. Die in den letzten Jahren aufgekommene Meinung, daß Formen der identitären Demokratie, d. h. unmittelbar demokratische Aktionen, Rätebildung und ähnliche Formen eine weitergehende und bessere Form der Beteiligung aller an der Bildung der Entscheidungen herbeiführen würden, hält einer Prüfung nicht stand. In jenen Aktionen und Initiativen, wie erst recht in den bei ihrer Bildung schon auf bestimmte Kreise beschränkten Räten, kommen minoritäre Gruppen zum Zuge, die in dem allgemeinen Verfahren der Wahl und Repräsentation keine Bedeutung erlangen könnten. Indem sie ihre partikuläre Meinung aber mit der eines fiktiven „Volkswillens"[97] gleichsetzen, versuchen sie eine aus dem allgemeinen Konsens heraustretende Gewichtung zu erlangen, die ihnen in einem Verfahren chancengleicher politischer Einflußnahme nicht zufallen würde. Der Ausgleich wird in einer Berufung auf eine Vertretung des Volkes gesucht, zu der diese Gruppen keine legitimierende Grundlage besitzen, die der repräsentativen Vertretung gleichkäme oder gar überlegen wäre. In der Demokratie kann Konsensbildung nur auf dem Boden der Gleichheit erfolgen; die Berufung auf unmittelbare Darstellung des Volkes kann daher minoritären Gruppen keine Position gegenüber den Rechtsgrundlagen des allgemeinen Konsenses geben[98].

20. In einer besonderen Gestalt begegnen wir dem Konsens im öffentlichen Recht, wo der Staat gewisse Räume des öffentlichen Lebens der Bestimmung durch die in ihnen bestehenden sozialen Kräfte zuweist. Das geschieht an wichtiger Stelle zunächst im Feld der Regelung der Tarife und Arbeitsbedingungen. Hier hat sich eine autonome Regelung zunächst tatsächlich außerhalb staatlicher Verfügung entwickelt, wird heute aber im Rahmen des Art. 9 Abs. III GG in der Verfassungsordnung gewährleistet und damit vom Staate ermächtigt. Hier gilt freilich nicht die Entscheidung der Mehrheit, sondern eine Parität der

---

[97] Kritisch zur Vorstellung eines identitär zu erschließenden Volkswillens *Hättich* (Anm. 36), S. 47 ff. Daß das repräsentative System zugleich Schutz bedeutet vor sektoraler Macht von Gruppen, die in ihrer Organisation eher die Immobilität als die Erneuerung befördern. Siehe *Ralf Dahrendorf*, Die neue Freiheit, 1975, S. 80 ff.

[98] Zur Kritik dieser direktdemokratischen Strömungen siehe oben Anm. 56.

beiden in Auseinandersetzung stehenden sozialen Kräfte, der Organisationen der Arbeitnehmer und derjenigen der Arbeitgeber. Der Konsens trägt hier also ständischen Charakter insofern, als die verhandeln-
den Gruppen aus ihrer sozialen Funktion heraus ohne quantitative
Rücksicht bestimmt werden. Ihr Konsens wird in die allgemeine Rechtsordnung als ein Bereich autonomer Gestaltung eingefügt, dessen weit-
reichender Einfluß auf die Gesamtheit und ihre wirtschaftliche Entwicklung erst in neuerer Zeit voll zu Bewußtsein gekommen ist. Die
Schwierigkeit solcher nicht in den demokratischen Prozeß einzufügen-
der ständisch-korporativer Entscheidungsformationen, wie man sie für
die Neutralisierung des Fernsehens durch Gruppeneinfluß versucht hat
oder wie sie derzeit in der Hochschulverwaltung durch das Spiel mit
„Paritäten" die innere Struktur einer Erziehungsverwaltung lähmen,
liegt darin, daß dort, wo sich nicht hinreichend deutlich soziale Kräfte
abzeichnen, denen in entsprechender Abstufung Bestimmung übertragen werden kann, die Lösungen durch die Zuteilung von Stimm-
quoten und „Paritäten" vom staatlichen Gesetzgeber weithin vorbestimmt wird, so daß von einem echten, für den Bereich repräsentativen
Konsens kaum gesprochen werden kann. Hier liegt ein weites Feld der
staatlichen Vordeterminierung des eingeräumten Konsensprozesses,
das zumeist den Charakter der hier erzielten Übereinstimmungen als
eines echten Konsenses ausschließt.

21. Im Ausblick kann noch einmal bemerkt werden, daß der Konsens
in allen Staatsformen seinen Platz hat, vor allem in Form einer passiven Annahme und Anerkennung von Herrschaft, daß er aber im besonderen im demokratischen Gemeinwesen beheimatet ist. Indem die
Demokratie sich auf Zustimmung und Mitwirkung aller Bürger grün-
det, erlangt der Konsens in ihr eine konstitutive Bedeutung. Eine
wichtige Rolle spielt er in der Gestalt des Grundkonsenses der Bürger,
der jenseits von wechselnden politischen Richtungen eine gemeinsame
Grundlage von Zielsetzungen und Ordnungen im Staate erhält und es
damit die Einordnung anderer Gruppen in die Herrschaft der jeweiligen herrschenden politischen Mehrheit ermöglicht. Konsens in
diesem Sinne ist kein einmaliger Vorgang, sondern ein sich stets er-
neuerndes und fortdauerndes Element staatlicher Einheit. Der Konsens
zeigt sich aber ebenso in der Anwendung des Mehrheitsprinzips und
seiner Einfügung in eine Reihe von Voraussetzungen seiner legitimen
Geltung, dem Schutz anderer Gruppen, der Achtung gemeinsamer
Rechtsgrundlagen, dem geordneten Verfahren der Majoritätsbildung.
Er greift damit über die Erzielung der Einigkeit in der herrschenden
Mehrheit hinaus und bezieht auch die anderen Kräfte des Staates in
den Vorgang der Auseinandersetzung, Entscheidungsformung und Annahme der Entscheidung durch die Gesamtheit ein. In diesem Sinne

liegt im Gedanken des Konsenses auch eine Grenze der Mehrheitsherrschaft. Politisch reicht diese Fragestellung noch über die rechtlichen Grundlagen hinaus, indem sie die Frage aufkommen läßt, in
welchen Formen sich staatsleitende Entscheidungen vollziehen können,
ob mehr in der antagonistischen Spannung gegensätzlicher politischer
Richtungen oder in dem Zusammenwirken aller oder doch der meisten
Kräfte des politischen Lebens an den Aufgaben der Regierung. Auf
eine schwerwiegende Frage ist hier nicht näher eingegangen worden,
auf die Rolle, die im Staate der Konsens mächtiger Sozialgruppen
gewinnen kann, die außerhalb der institutionellen Ordnung des Ganzen
auf dessen Entscheidungen Einfluß üben. In vielen westeuropäischen
Ländern tritt dies Problem in der Gegenwart in der Stellung der Gewerkschaften hervor, die über ihre soziale Aufgabe hinaus und neben
den Institutionen der allgemeinen Repräsentation eine bestimmende
Einwirkung erlangt haben[99]. Hier zeichnet sich das Problem ab, wieweit
heute im politischen Leben die Rolle des Staates durch Einfluß und
Macht der Gruppen ergänzt oder auch überformt wird. Begriff und
Erscheinung des Konsenses sind jedenfalls, das mag zum Abschluß hervorgehoben werden, in der Analyse des politischen Prozesses in der
Demokratie, in der sich ihre Entscheidungen vorbereiten und formen,
ein grundlegendes Element, das stärker als bisher die Aufmerksamkeit
der Staatstheorie auf sich ziehen sollte.

[99] Siehe hierzu H. Zacher, Gewerkschaften in der rechtsstaatlichen Demokratie einer Arbeitnehmergesellschaft, Festgabe für Franz Böhm, 1975,
S. 707 ff., 729 ff.

Bericht über die Diskussion
zu dem Referat von Ulrich Scheuner

(M. Maiwald, Hamburg:) Es frage sich, ob Konsens im Staatsrecht stets positives Zustimmen voraussetze oder ob Konsens hier nicht auch einfaches Geschehenlassen, ja sogar widerstrebendes Geschehenlassen sein könne.

(K. Röhl, Kiel:) Bei der Demokratie könne es sich geradezu um eine Verfahrensform zur Überbrückung fehlenden Konsenses handeln.

(W. Thiele, Kiel:) Der Konsens sei der Sache nach ein psychologisches Problem; im Staatsrecht sei er aber formalisiert, umgesetzt in Verfahrensweisen zur Konsensherstellung, so daß seine Realität fraglich werde. Hier sei ein wesentliches Element des Konsenses, das Funktionieren der Verfahrensweisen derart zu erreichen, daß die Ergebnisse im wesentlichen von den gewaltunterworfenen Staatsbürgern akzeptiert würden, wobei man aber ein wesentliches Stück materiellen Einigseins voraussetzen müsse.

(U. Scheuner, Bonn:) Der Staat brauche permanenten Konsens, um fortbestehen zu können. Konsens bedeute aber nicht nur Einigkeit, sondern sei auch Vertrag, Ausgleich der Gegensätze. Man brauche Konsens in einer Demokratie nicht als Volksgemeinschaft, als einheitlichen Willen verstehen, ja es handele sich dabei um Vokabeln, die nicht unbedenklich seien. Der Vertrag sei wahrscheinlich eine demokratischere Form als die enthusiastische Akklamation oder die enthusiastische Einigkeit. Man mißverstehe die Mehrheitsentscheidung völlig, wenn man sie nur als quantitatives Argument nehme. Sie sei zwar nicht anders als quantitativ begründbar, sie finde aber ihre letzte Rechtfertigung nicht immer in dem äußerlich quantitativen Moment. Sie könne nur in einem Rahmen gerechtfertigt sein, der dafür sorge, daß sie nicht nur Herrschaft der quantitativen Mehrheit sei, sondern der auch den Minderheiten eine gemeinsame Basis schaffe.

(S. E. Wunner, Kiel:) Im sozialen Leben gebe es durch Konsens undeutbare Bereiche, die vielmehr durch Konflikt gekennzeichnet seien. Hier könne es erforderlich werden, besondere Verfahren, neben den politischen, zur Vereinheitlichung der sozialen Kräfte zu schaffen.

(U. Scheuner, Bonn:) Die Frage nach dem Konflikt neben dem Konsens in der pluralistischen Gesellschaft sei eine Grundfrage des

modernen Staates. Es gebe in der Tat Verfassungszustände, in denen
der wirkliche Machtträger nicht institutionalisiert sei, und es gehöre
zu den unausgesprochenen Wahrheiten der politischen Verfassung, daß
man aufsteigende politische Macht beleidige, wenn man sie definieren
wolle. Die Lösung könne nur darin gefunden werden, daß solche
sozialen Mächte offen die Verantwortung übernähmen.

(H. Schmitz, Kiel:) Nicht allein die Bereitschaft, die eigene Meinung
zu relativieren, sei Voraussetzung, in der pluralistischen Demokratie
mitzuwirken, sondern die Toleranzbereitschaft der pluralistischen Demokratie könne auch auf andere Gruppen ausgedehnt werden, so lange
sie nicht als gefährlich gelten (z. B. katholische Kirche).

(U. Scheuner, Bonn:) Demokratie setze Duldsamkeit und Toleranz,
die Bereitschaft zum Zusammenleben mit anderen trotz der Überzeugung von der Richtigkeit der eigenen Ansicht voraus.

(H. Schmitz, Kiel:) Merkmal des Pluralismus sei auch, daß er gegen
die Souveränität des Staates gehen könne. Das Konsensproblem betreffe nicht nur den innerstaatlichen Konsens, den Konsens einiger
Personen und Gruppen in einer Gesamtinstitution, sondern der Staat
sei eine Institution unter anderen, und es gehe darum, einen gewissen
Konsens der Institutionen untereinander herbeizuführen. Dies zeige
sich gerade bei den überstaatlichen Organisationen, die über die
Staaten quasi-staatliche Organisationen setzten. Hier tauche ein Konsensproblem ganz anderer Art, nämlich ein Problem interinstitutionel-
len Konsenses auf.

Die Bedeutung des Konsenses der Beteiligten im Strafprozeß*

Von Hans-Ludwig Schreiber, Göttingen

I.

Notwendigkeit bzw. Fehlen des Konsenses der Beteiligten im Straf-prozeß sind ein aktuelles Thema geworden, seit radikale System-kritiker gegen sie gerichtete Verfahren zum Ort grundsätzlicher, unerbittlicher Auseinandersetzung gemacht haben. Die Prozesse etwa gegen Mitglieder des Heidelberger Sozialistischen Patientenkollektivs, gegen Mahler und gegen Ronald Augustin in Bückeburg haben viel-fältiges Anschauungsmaterial geliefert, weiteres kommt ständig im gegenwärtigen Baader-Meinhof Verfahren in Stuttgart hinzu. Das Strafverfahren ist zwar in der Regel durch erhebliche Interessengegen-sätze zwischen den Beteiligten, etwa zwischen Ankläger und Ange-klagtem gekennzeichnet. In den genannten Verfahren fehlt aber darüber hinaus jede noch so kleine gemeinsame Basis. Die Prozeßordnung wird nicht als Spielregel der Auseinandersetzung anerkannt. Angeklagte verweigern nicht nur jede Angabe zur Person und zur Sache. Sie wollen in der Hauptverhandlung, unterstützt von ihren Anwälten, nicht die von Staatsanwaltschaft und Gericht in Anklage und Eröffnungs-beschluß genannten, ihnen zur Last gelegten Taten erörtern, sondern andere Themen wie die angebliche Unmenschlichkeit des hier herrschen-den Systems, seine „strukturelle Gewalt". Das Gerichtszeremoniell soll als Scheinlegitimation entlarvt, die mitwirkenden Richter und Staats-anwälte sollen lächerlich gemacht werden. Ausführungen des Richters werden nicht angehört, sondern unterbrochen oder durch Lärm über-tönt. Man weigert sich, den zugewiesenen Platz im Gerichtssaal einzu-nehmen, verweigert die Teilnahme an der Hauptverhandlung und wehrt sich mit Gewalt gegen die Vorführung aus der Haft. Die Nahrungsaufnahme wurde zeitweise mit dem Zweck abgelehnt, die Verhandlungsunfähigkeit zu bewirken und damit die Hauptverhandlung unmöglich zu machen. Verteidiger wirken dabei offenbar als Nach-richtenübermittler mit; sie sympathisieren mit den politischen Zielen

---

* Der Vortrag lehnt sich in Teilen an mein Referat auf der Strafrechts-lehrertagung am 11. 5. 1975 an.

ihrer Mandanten und versuchen gemeinsam mit ihnen, die Verhandlung zum Forum des politischen Kampfes werden zu lassen.

II.

Nun wäre es eine sicher interessante Aufgabe, das geltende Strafprozeßrecht daraufhin im einzelnen zu überprüfen, ob es genügende und auch seinen eigenen Grundmaximen, insbesondere dem Prinzip der Rechtsstaatlichkeit entsprechende Mittel besitzt, um solchem Verhalten zu begegnen und die Durchführung der Verfahren zu sichern. Das Gesetz zur Ergänzung des ersten Gesetzes zur Reform des Strafverfahrensrechtes vom 20. 12. 1974[1] hat das Instrumentarium hier erweitert, vor allem durch die Möglichkeit der Ausschließung von Verteidigern (§§ 138 a ff. StPO) und die Einführung einer Verhandlung gegen Abwesende bei vorsätzlich und schuldhaft herbeigeführter Verhandlungsunfähigkeit und bei ordnungswidrigem Verhalten (§§ 231 a und 231 b StPO).

Ich möchte aber das durch die Anarchistenprozesse nur mit besonderer Schärfe aufgeworfene, jedoch viel weiterreichende Problem im Rahmen unserer Tagung zunächst allgemeiner angehen. Zu untersuchen ist, welche Bedeutung überhaupt ein vollständiger oder teilweiser Konsens der Beteiligten im Strafverfahren hat, ob der Prozeß auf ihn hin angelegt ist oder es doch sein sollte. Damit ist die Frage nach Funktion und Ziel des Strafverfahrens gestellt. Ich möchte sie anhand einiger neuerer, in der Soziologie entwickelter Verfahrenstheorien, und zwar denen von Luhmann, Rottleuthner und Callies erörtern und in Auseinandersetzung mit ihnen die eigene Ansicht entwickeln.

III.

Begonnen sei mit *Luhmann.* Seinen Ausgangspunkt bildet die Kritik an den in der Rechtswissenschaft herrschenden Prozeßlehren, die den Sinn des Gerichtsverfahrens in der Ausrichtung auf Wahrheit und

---

[1] BGBL I, S. 3886. Inzwischen sind weitere Änderungen der StPO in Vorbereitung, die die Rechtsstellung des Strafverteidigers weiter einschränken sollen. So sind u. a. eine ergänzende Erweiterung der Ausschlußmöglichkeiten (§ 138 a StPO) sowie die Möglichkeit einer Überwachung des Verteidigerverkehrs mit dem inhaftierten Beschuldigten (§ 148 a StPO) vorgesehen. Vgl. den Entwurf der Bundesregierung, BR-Drucksache 381/75; einen Entwurf des BR (BR-Drucksache 90/75) und einen Entwurf der CDU/CSU (BT-Drucksache 7/3116). Jetzt BT-Drucksachen 7/4004 und 7/4005. Überblick über die Gesetzgebungsvorlagen in JZ 1975, S. 126 ff. Die Bedenken gegen solche, auf konkrete Einzelfälle abgestellten Gesetze liegen auf der Hand. Man wird m. E. grundsätzlich auch das Prozeßrecht dem Rückwirkungsverbot zu unterstellen haben. Vgl. dazu Schreiber, in Syst. Kommentar zum StGB, 1975, § 1, Rn. 9. v. weiteren Nachweisen.

Gerechtigkeit finden[2]. Diese Auffassung habe schon erhebliche Schwierigkeiten mit dem Problem der unrichtigen aber dennoch rechtskräftig werdenden Entscheidung. Sie müsse das „Wesen" des Prozesses durch ein Merkmal definieren, das keineswegs notwendig mit ihm verbunden sei oder müsse auf widersprüchliche Doppelformeln wie Rechtsschutz und Rechtsfrieden zurückgreifen, die richtige und unrichtige Entscheidungen decken[3].

Luhmann selbst versteht das Gerichtsverfahren auf der Basis der funktional-strukturellen Systemtheorie als ein soziales Handlungssystem besonderer Art[4]. Systeme leisten die „Reduktion von Komplexität". Mit „Komplexität" ist die Gesamtheit der Möglichkeiten menschlichen Erlebens und Handelns gemeint[5]. Sie bietet stets viel mehr, als der Mensch aktuell wahrnehmen und realisieren kann. Funktion von Systemen ist es, diese Komplexität der Welt dadurch zu verringern, daß sie sich selbst und eine entsprechende Umwelt konstituieren. Das Wesentliche jeder Systembildung ist, daß sie nur einen Ausschnitt der Welt erfaßt und nur eine begrenzte Zahl von Möglichkeiten zuläßt. Für menschliches Handeln wird durch Systembildung, die zugleich eine systemeigene Umwelt schafft („selektiver Umweltentwurf"), eine Orientierung in der Welt möglich[6].

Als Beispiele von Systemen seien etwa nur Familie, Vereine, Freundschaften, Kirchen, Gemeinden, Staat genannt.

Gerichtsverfahren sind kurzfristig eingerichtete, soziale Interaktionssysteme auf Zeit. Ihre besondere Funktion ist es, verbindliche Entscheidungen zu erarbeiten[7]. Luhmann setzt eine rechtliche Regelung des Verfahrens voraus. Ihm geht es aber nicht um diese normative Sinnbeziehung, sondern um den „faktischen Kommunikationsprozeß, der nach Maßgabe rechtlicher Regeln abläuft", also um „wirkliches Geschehen"[8], einen empirisch faßbaren Sachverhalt, ein Handlungs-

---

[2] Zu diesen sog. juristischen Verfahrenstheorien, die hier nicht näher behandelt werden können, vgl. u. a. *Eberhard Schmidt*, Lehrkommentar, Teil I, 2. Aufl. 1964, Rn. 11 ff.; *Henkel*, Strafverfahrensrecht, 2. Aufl. 1968, S. 88 ff.; *Schmidhäuser*, Zur Frage nach dem Ziel des Strafprozesses, in Festschrift für Eberhard Schmidt, 1961, S. 511 ff. Weiter vor allem *Goldschmidt*, Der Prozeß als Rechtslage, 1925, u. a. S. 78 ff., S. 140 ff.

[3] *Luhmann*, Legitimation durch Verfahren, 1969, S. 17 ff. Inzwischen ist eine mit einem längeren, antikritischen Vorwort versehene, im übrigen aber unveränderte zweite Auflage des Werkes erschienen, 1975.

[4] Ebd. S. 38.

[5] Ebd. S. 41.

[6] Vgl. dazu *Luhmann*, Soziologie als Theorie sozialer Systeme, 1967, in: Soziologische Aufklärung, 3. Aufl. 1972, S. 115 ff. Ferner *Luhmann*, Politische Planung, Jahrbuch für Sozialwissenschaften, Bd. 17, 1966, S. 282 ff.

[7] *Luhmann*, Rechtssoziologie, Bd. 1, 1972, S. 142; *ders.*, Legitimation, S. 41.

[8] Legitimation, S. 37.

system, das außer durch Rechtsvorschriften auch durch gesellschaftlich institutionalisierte Übung und durch fallweise sich herausbildende Verhaltensweisen gesteuert werde[9]. Luhmann erklärt die klassische, herrschende Konzeption des Verfahrens, deren Kern der Bezug auf Wahrheit, Richtigkeit und Gerechtigkeit ist, für unzureichend[10]. Zwar sei es verfehlt, der Wahrheit ihren Wert zu bestreiten oder ihr jegliche praktische Bedeutung für Rechtsverfahren abzusprechen. Luhmann will aber radikaler fragen, ob der Gewinn von Wahrheit überhaupt die tragende Funktion rechtlich geregelter Verfahren ist; er entwirft eine Theorie, die das Wahrheitsproblem für das Verfahren hinterfragen will. Sie soll Wahrheit nicht länger nur als Wert, sondern genauer als „sozialen Mechanismus" begreifen, der Bestimmtes leistet und eine latente, angebbare Funktion erfüllt[11]. Diese besteht für den sozialen Verkehr in der „Übertragung reduzierter Komplexität", d. h. in der Übernahme von Selektionsleistungen anderer als bindend. Die Welt sei für alle Menschen übermäßig komplex und als solche unfaßbar. Für eine sinnhafte Orientierung und Lebensführung sei daher jeder darauf angewiesen, Selektionsleistungen anderer zu übernehmen, d. h. Sinn, den andere ausgewählt haben, als so und nicht anders zu behandeln[12].

Das Gerichtsverfahren soll die Übernahme von Entscheidungen anderer als bindend, ihre Abnahme und damit ihre Legitimierung leisten. Diese kann in modernen, hochkomplexen sozialen Systemen anders als früher in einfachen Gesellschaften nicht allein durch sprach-lich-symbolische Implikationen, durch „Vorstellungsübertragung aufgrund intersubjektiv zwingender Gewißheit"[13] oder persönlicher Sympathie, nicht allein mehr durch innere Überzeugungskraft, durch plausible, überzeugende Darstellung von Gründen bewirkt werden, sondern durch *Verfahren*. Luhmann versteht unter Legitimität die faktisch verbreitete Überzeugung von der Gültigkeit des Rechts, der Verbindlichkeit von Entscheidungen. Entscheidungen sind legitim, sofern sie als Verhaltensprämisse anerkannt und übernommen werden[14].

Das heißt nun freilich nicht, daß Luhmann die einzelne gerichtliche Entscheidung von einem „realen Konsens", etwa gar einer Einigung der Betroffenen mit dem Entscheidenden abhängig machen will. Er versteht vielmehr Anerkennung bzw. Akzeptation als Grund der Legitimität in mehrfacher Hinsicht anders, und zwar formalisiert, generalisiert und institutionalisiert. Was damit gemeint ist, sei schon

---

[9] Legitimation, S. 58.
[10] Legitimation, S. 16 ff.
[11] Legitimation, S. 23.
[12] Vgl. auch zum folgenden, Legitimation, S. 22 ff.
[13] Legitimation, S. 24. Auch allein physische Zwangsgewalt kann diese Übertragung nicht leisten, vgl. S. 28.
[14] Ebd. S. 32.

an dieser Stelle kurz erläutert, ich werde dann noch eingehend darauf
zurückkommen.

Der Begriff des Akzeptierens wird einmal *formalisiert*[15]. Auf die
persönliche Überzeugung von der Richtigkeit einer Entscheidung könne
es nicht ankommen, eine gemeinschaftliche Harmonie der Ansichten
über Recht und Unrecht, eine „persönliche Einverseelung sozial gebilde-
ter Überzeugungen" sei nicht erforderlich[16]. Es geht vielmehr nur
darum, daß der Betroffene, aus welchen Gründen auch immer, die
Entscheidung als Prämisse des eigenen Verhaltens übernehme und seine
Erwartungen entsprechend umstrukturiere. Auf welche Weise dieses
„Lernen im sozialen System" geschehe, ob durch Überzeugungswandel,
Anpassung, Umdeutung der Vergangenheit, Bagatellisierung, Resigna-
tion oder Isolierung, sei letztlich nicht entscheidend[17]. Von „Konsens"
kann man m. E. insoweit eigentlich gar nicht sprechen.

Zum anderen hebt Luhmann nicht nur auf die derart formalisiert
verstandene Akzeptation der Betroffenen ab, sondern entscheidend auf
den Konsens der Nichtbeteiligten, der Allgemeinheit über die Gerichtsbarkeit schlechthin. Er geht von einem Grundkonsens dahin aus, daß
von Gerichten in einem rechtlich geordneten Verfahren erarbeitete
Entscheidungen generell akzeptiert werden. Wer auf den Einzelfall,
jede einzelne Entscheidung abstellen wolle, verkenne die hohe Komplexität, Variabilität und Widersprüchlichkeit der Themen und Ent-
scheidungsprämissen, die im System moderner Gesellschaften jeweils
behandelt werden müßten. Kein Mensch sei in der Lage, für alle
aktuellen Themen etwa gerichtlicher Entscheidungen jeweils eine
Überzeugung zu bilden. Dem könne nur durch eine *Generalisierung* des
Anerkennens von Entscheidungen Rechnung getragen werden. Legitimität wird daher insoweit als „generalisierte Bereitschaft, inhaltlich noch
unbestimmte Entscheidungen innerhalb gewisser Toleranzgrenzen hinzunehmen" umschrieben[18].

Luhmann behauptet schließlich die *Institutionalisierung* des Konsenses. Darunter ist zu verstehen, daß Konsens vermutet und als
Handlungsgrundlage benutzt werden darf, solange nicht Dissens geäußert wird[19]. Faktischer Konsens im Sinne gleichzeitigen und gleich-
sinnigen Erlebens könne angesichts des begrenzten menschlichen
Potentials für aktuelles Erleben und der Vielfalt möglicher Themen
nur ein „sehr seltenes Ereignis" sein[20]. Die Funktion der Institutionali-

---

[15] Ebd. S. 33 ff.
[16] Legitimation, S. 119.
[17] Legitimation, S. 33.
[18] Legitimation, S. 28, vgl. auch S. 33.
[19] Legitimation, S. 122.
[20] Rechtssoziologie, Bd. 1, S. 67.

sierung liege daher in der Überziehung der vorhandenen Konsens-
bereitschaften, in der Vorwegnahme und Unterstellung von Konsens.
Solange fast alle unterstellen, daß fast alle zustimmen, ja möglicherweise sogar solange fast alle unterstellen, daß fast alle unterstellen,
daß alle zustimmen[21], kann man von Konsens ausgehen. Daß die
angenommene Homogenität dann weitgehend fiktiv und gegen Kommunikation der Fakten empfindlich, d. h. störbar ist, wird von Luhmann
ausdrücklich eingeräumt[22]. Diese Erkenntnis der Institutionalisierung
des Konsenses stellt m. E. eine wesentliche Weiterbildung der sog.
generellen Anerkennungstheorien zum Problem der Rechtsgeltung dar[23].
Wenden wir uns nun kurz den einzelnen Systemmerkmalen des
Gerichtsverfahrens zu, die Legitimation, d. h. die Abnahme von Entscheidungen bewirken. Es ist einmal die Ausdifferenzierung und eine
relative Autonomie des Verfahrens, d. h. die Festlegung systemeigener
Regeln für die Verarbeitung von Umweltinformationen. Das geschieht
vor allem durch die Entwicklung einer besonderen Rolle des Richters,
der von der Rücksicht auf seine anderen Rollen, etwa als Angehöriger
einer bestimmten Schicht, Kirche oder Partei entlastet und insoweit auf
Neutralität festgelegt wird. Die Beweise sollen frei, d. h. auch unabhängig von Rollen außerhalb des Verfahrens im Verfahren selbst
erarbeitet werden. Die Betroffenen erhalten Gelegenheit, die Konflikte
selbst zur Sprache zu bringen, an der Erarbeitung von Entscheidungs-
alternativen mitzuwirken. Sie werden dadurch zur Rollenübernahme
veranlaßt, die sie in ein persönlich bindendes Handeln verstrickt, an
einmal gegebene Darstellungen bindet und zu Kontinuität verpflichtet[24].
Zeremoniell und Szene des Prozesses bewirken eine Institutionalisierung und Kanalisierung von Konflikten, ihre Verlagerung auf eine
verbale Ebene und die Anerkennung bestimmter gemeinsamer Regeln
für ihre Austragung[25]. Die Öffentlichkeit des Verfahrens soll für die
Nichtbeteiligten die Überzeugung begründen, daß alles mit rechten
Dingen zugehe, daß in ernsthafter, aufrichtiger und angestrengter
Bemühung Wahrheit und Recht ermittelt werden, und soll so den generellen Konsens über die Verbindlichkeit gerichtlicher Urteile entscheidend bestätigen[26].

Luhmann warnt vor der Annahme, durch das Gerichtsverfahren,
insbesondere die Verfahrensbeteiligung könne in erheblichem Umfange

---

[21] Rechtssoziologie, Bd. 1, S. 71. „Institutionen beruhen ... nicht auf der
faktischen Übereinstimmung abzählbarer Meinungsäußerungen, sondern auf
deren erfolgreicher Überschätzung."
[22] Rechtssoziologie, Bd. 1, S. 72.
[23] Dazu näher *Schreiber*, Der Begriff der Rechtspflicht, 1966, S. 105 ff.;
Welzel, An den Grenzen des Rechts, 1965, S. 10 ff.
[24] *Luhmann*, Legitimation, S. 85 ff., S. 91 ff.
[25] Legitimation, S. 102 f.; Zusammenfassung: Legitimation, S. 120.
[26] Legitimation, S. 123.

die Zustimmung oder jedenfalls ein einsichtiges Sichabfinden der Betroffenen mit nachteiligen Entscheidungen etwa einer Strafe oder Maßregel erreicht werden[27]. Zwar ist das Verfahren darauf angelegt, die Persönlichkeit der Beteiligten einzufangen und zu binden, sie zur Rollenübernahme zu veranlassen. Aber weder Nachgeben noch Einsicht, die „persönliche Einverseelung" seien die eigentliche Leitidee oder auch nur die latente Funktion des Verfahrens[28]. Zwar solle nicht bestritten werden, daß ein Verfahren Irrende zur Einsicht bringen oder Rechtsbewußte vergleichsbereit machen kann. Aber letztlich gehe es nicht um realen Konsens im Einzelfall, sondern nur um einen Lerneffekt, um die Umstrukturierung von Erwartungen, gleichgültig aus welchen Motiven. Der Betroffene könne nach dem Verfahren nicht mehr die gleichen Erwartungen haben wie vorher. Es genüge für die Legitimation von Entscheidungen, wenn dieses „Umlernen" nicht durch einen Lernprozeß im Verfahren, sondern erst nach dem Verfahren durch ein Enttäuschungserlebnis zustandekomme. Nicht die Verhinderung von Enttäuschungen, sondern die Zersplitterung und Absorption möglicher Proteste gegen eine Entscheidung sei die Funktion von Verfahren. Unvermeidbare Enttäuschungen würden in die „Endform eines diffus verbreiteten, privaten Ressentiments gebracht, das nicht Institution werden" könne und sozial keine Resonanz mehr finde[29]. Das Verfahren nimmt dem Entscheidungsempfänger die Möglichkeit, seine Interessen als konsensfähig zu generalisieren und größere soziale Allianzen für seine Ziele zu bilden. Die institutionelle, generelle Anerkennung der Gerichtsbarkeit und die Leistung des Verfahrens schaffen eine eindeutig strukturierte Situation, die dem einzelnen Betroffenen keine Chance des wirksamen Protestes mehr läßt[30]. Ein soziales System, das ein inneres Umlernen von Meinungen und Einstellungen bewirken wolle, müsse ganz anders als das Gerichtsverfahren, das nicht bei der moralischen Karriere des Selbst behilflich werden könne, nämlich nach dem Modell therapeutische Gemeinschaft aufgebaut sein[31].

Die Kritik an Luhmann hat von ganz unterschiedlichen Positionen her, insbesondere das funktionalistische Verständnis von Wahrheit und Gerechtigkeit, ihre Ausklammerung aus dem einzelnen Verfahren heftig angegriffen. Für unser Thema sei dazu zunächst thesenartig nur folgendes hervorgehoben: Sicher ist richtig, daß die materialen Fragen

---

[27] Legitimation, S. 109.
[28] Legitimation, S. 111, vgl. auch S. 97.
[29] Legitimation, S. 112 ff.
[30] Legitimation, S. 116 f.: „Funktion des Verfahrens ist mithin die Spezifizierung der Unzufriedenheit und die Zersplitterung und Absorption von Protesten."
[31] Ebd. S. 112, insbes. dort Note 12 mit umfangreichen Literaturhinweisen über die Modelle therapeutischer Gemeinschaften.

nach Richtigkeit und Gerechtigkeit für das Strafverfahren nicht als irrelevant erklärt werden können. Zutreffend hat Zippelius[32] darauf hingewiesen, daß schon in den von Luhmann beschriebenen sozialen Mechanismen des Verfahrens klassische materiale Prinzipien der Verfahrensgerechtigkeit wie u. a. die Respektierung der Beteiligten als handelnde Prozeßsubjekte, die Unparteilichkeit des Richters und die Öffentlichkeit des Verfahrens wiederkehren. Freilich bietet das Verfahren keine Garantie für die Richtigkeit von Entscheidungen. Es geht aber auch inhaltlich im einzelnen Gerichtsverfahren nicht nur um eine wie immer geartete beliebige Absorption eines Konfliktes. Vielmehr hat sich auch die einzelne Entscheidung inhaltlich an Richtigkeit und Gerechtigkeit zu orientieren. Wesentliche, aber gewiß nicht alleinige Grundlage ist dabei das materiell-rechtliche gerichtliche Programm, das bekanntermaßen Spielräume enthält; umweltbezogene Wertungen und Rückgriffe auf vorherrschende Richtigkeitsvorstellungen erforderlich macht[33]. Luhmann selbst geht von einem das System tragenden Grundkonsens aus, der bis zum Beweise des Gegenteils vermutet werden kann bzw. bei Nichtäußerung von Dissens fingiert wird[34]. Er ermöglicht doch erst die m. E. zutreffend beschriebene Generalisierung der Legitimität. Dieser Grundkonsens, der die Abnahme von Entscheidungen als bindend institutionalisiert, würde sicher verloren gehen, wenn er nicht von der Überzeugung getragen wäre, daß im Gerichtsverfahren, wie Luhmann selbst schreibt[35] „in ernsthafter, aufrichtiger und angestrengter Bemühung Wahrheit und Recht ermittelt werden". Das kann doch nicht so gemeint sein, daß den Beteiligten hier dieses Bemühen nur als Farce vorgespielt zu werden brauche. So drängt sich auch hier das Problem der Richtigkeit und Gerechtigkeit richterlicher Entscheidungen in die Prinzipien des Verfahrens hinein.

Die empirische Überprüfung des Luhmannschen Modells, das nach seinem eigenen Anspruch ja einen empirisch faßbaren Sachverhalt beschreiben will, steht noch ganz aus. Es ist zweifelhaft, wieweit die behaupteten sozialen Mechanismen ohne eine nähere Präzisierung einer solchen Überprüfung überhaupt zugänglich sind. Luhmann selbst nimmt das für wesentliche Stücke seiner Theorie in Anspruch, so vor allem für die Fragen, in welchen Formen Akzeptation von Entscheidungen, Lernen im System geschieht.

---

[32] Legitimation durch Verfahren?, in: Festschrift für Karl Larenz, 1973, S. 298 f.

[33] *Esser*, Vorverständnis und Methodenwahl, in der Rechtsfindung, 1970, S. 211; *Zippelius*, S. 301; vgl. auch *Habermas*, in: *Habermas / Luhmann*, Theorie der Gesellschaft oder Sozialtechnologie, S. 221 ff.

[34] Legitimation, S. 29, S. 122 f.

[35] Ebd. S. 123.

In einem für unser Thema entscheidenden Punkt halte ich die aus Luhmanns Analyse zu ziehenden Konsequenzen aber für zutreffend: *Realer Konsens im Einzelfall, enttäuschungsloses Lernen ist weder nach gegenwärtigem Recht und geübter Praxis unverzichtbares Ziel des Strafverfahrens noch könnte es das m. E. überhaupt sein. Das Verfahrensergebnis kann jedenfalls in letzter Linie nicht von der Zustimmung des Sanktionsbetroffenen abhängig gemacht werden.*

IV.

In scharfer Auseinandersetzung mit Luhmann hat *Rottleuthner,* unter Berufung auf kommunikationstheoretische Ansätze das Gegenmodell eines Strafverfahrens in herrschaftsfreier, nicht gewaltsam verstellter Kommunikation entwickelt. Das gegenwärtige Verfahren hält er für einen „pathologischen Prozeß", er findet nur „zerbrochene Kommunikation"[36]. Luhmanns Legitimation durch Verfahren sei nur die Legitimation einer verfahrenen Situation[37]. Rottleuthner charakterisiert das Strafverfahren als Gegenbild einer gelungenen Kommunikation, nämlich als den Fall einer in antagonistischen Interessen und Strategien zerstörten und nur durch pathologische Rollen gewaltsam aufrechterhaltenen Interaktion. Die Intersubjektivität von Rechtsnormen werde in einem asymmetrischen, pathologischen Prozeß konstruiert. Mit „Asymmetrie" ist die ungleiche Verteilung der Kommunikationschancen gemeint[38].

Schon die Ausgangssituation im Strafverfahren sei ungleich. Die eine Seite bestimme schon das Thema in der Anklageschrift und greife die andere dadurch frontal an. Sie inszeniere einseitig die Situation, die zeitlichen und räumlichen Gegebenheiten ebenso wie die Sprachformen. Diese Ungleichheit setze sich im Verfahren selbst fort. Schon das schichtbedingte Gefälle in der Sprachkompetenz sei ein diskriminierendes Element. Der Richter könne ohne vorherige Verständigung Themen wählen und bestimmen, wer reden dürfe. Er besitze die Interpretationsherrschaft und die Herrschaft über Gewalt- und Diskriminierungsmittel. Die Beiträge der Beteiligten gerönnen zu bloßen Beweismitteln, deren gerichtliche Einschätzung dunkel bleibe. Der Richter könne sich in überlegenes Schweigen zurückziehen, eine Vergewisserung durch reziproke Verständigung sei nicht möglich. Der Mangel an „flexiblem Umgang mit Gewissensforderungen selten gelernt

---

[36] Zur Soziologie richterlichen Handelns, Kritische Justiz 1970, S. 60 ff. (S. 82, 83), wieder (insoweit unverändert) abgedruckt in *Rottleuthner,* Rechtswissenschaft als Sozialwissenschaft, 1973, S. 158 f.

[37] Kritische Justiz, S. 81.

[38] Vgl. auch zum folgenden Kritische Justiz, S. 83 f.

und spätestens im juristischen Studium ausgetrieben" führe zu Er-
starrungen im Verhalten des Richters. Diese gestatte, als richterliche
Tugend gepriesen, in Verbindung mit der Situationsherrschaft narzisti-
sche und sadistische Befriedigung[39].

Das Gericht beobachte die Angeklagten, wolle sie in festgelegte Rollen
drängen, das reichhaltige Spektrum möglicher Kommunikationsmodi
werde auf sprachlichen Ausdruck, auf Verbalismus reduziert. Es werde
versucht, dingfest zu machen und wörtlich zu nehmen[40]. Als zutreffende
Einschätzung der Situation wird das Schlußwort von Rainer Langhans
zum Prozeß gegen ihn und Fritz Teufel zitiert, zweier Angeklagter,
die sich gegen die Übernahme der ihnen zugedachten pathologischen
Rolle wehrten: „Wir empfanden uns da als Zuschauer, die gelegentlich
eingriffen, wenn es uns Spaß machte. Und das war allerdings häufig ...
Mitspieler waren wir meist nicht, weil es nicht unser Spiel war, wir
wären gar nicht auf den Gedanken gekommen, daß man solche Stücke
machen kann. Wir wurden es erst und dann mehr als Regisseure, als
wir die Möglichkeiten erkannten, die uns geboten wurden[41]."

Rottleuthner deutet seine Idealvorstellung eines Verfahrens als
ungezwungene Sprechgemeinschaft an, in der die pragmatischen Bedingungen vernünftigen Redens erfüllt seien. Freilich sei das gegen-
wärtig nicht realisierbar. Wer Normen ungebrochen durchsetze, was
die objektive Funktion der Justiz sei, und strafe, könne nur zynisch
die Asymmetrie auf Zeit verschleiern[42].

Rottleuthners Modell des Strafverfahrens führt sich m. E. selbst ad
absurdum. Eine ungezwungene Sprechgemeinschaft in „gelungener
Kommunikation" kann der Strafprozeß nicht werden, auch wenn er
nicht mehr auf Vergeltung, sondern auf spezialpräventive Einwirkung
angelegt ist. Es ist unvermeidlich — wie Rottleuthner beanstandet —
das Thema einseitig etwa in der Anklage vorzugeben; der Betroffene
kann das Verfahren nicht von sich aus durch Abbruch der Kommunikation beenden, die Interpretationsherrschaft liegt letztlich bei der
anderen Seite. Auf kommunikative Übereinstimmung kann das Verfahren sich letztlich nicht verlassen, es muß auch zu Sanktionen gegen
den Willen des Angeklagten führen können. Rottleuthner hat sein

---

[39] Ebd. S. 85.
[40] Ebd. S. 86 f.
[41] *Langhans*, in: „Klau mich", Voltaire Handbuch 2, 1968, zitiert nach
Rottleuthner, S. 82.
[42] Ebd. S. 87 f. Freisler habe die strafenden Konsequenzen seines Handelns
offen in seinem Kommunikationsstil eingeholt. Die kritischen Versuche,
Richtern psychologische Sensibilität zu vermitteln, könnten nur als Versuch
verstanden werden, die Kommunikationsherrschaft von Richtern stilvoll zu
perfektionieren. Sie könnten mit Charme Herrn Müller, der einst als Angeklagter angesprochen wurde, bitten, sich doch die Handschellen vom
Wachtmeister wieder anlegen zu lassen. .

Konzept offenbar in Anlehnung an die Vorstellungen seines Lehrers Habermas vom herrschaftsfreien Diskurs entwickelt. Habermas selbst ist aber realistischer. Er hebt das Gerichtsverfahren deutlich vom Diskurs ab, der unter dem Anspruch der kooperativen Wahrheitssuche, d. h. der „prinzipiell uneingeschränkten und zwanglosen Kommunikation steht, die allein dem Zweck der Verständigung dient". Der Prozeß dagegen steht u. a. unter der Notwendigkeit, in angemessener Frist zu einem richterlichen Urteil zu kommen[43]. Er bleibt daher m. E. im Gegensatz zum Diskurs, der nach Habermas nur unter der Bedingung der Suspendierung des Zwanges, funktionalen Imperativen gehorchen zu müssen, funktionieren soll, notwendig, wie Krauß es zutreffend formuliert hat[44], eine öffentliche Auseinandersetzung und auch Ausübung von Herrschaft. Das heißt freilich nicht, daß es in ihm auf Beteiligung und Konsens nicht ankäme.

Der Betroffene ist — das weiß die Verfahrenslehre seit der Aufklärung — keineswegs nur Objekt des Verfahrens, sondern auch Subjekt. Das Prinzip des rechtlichen Gehörs verlangt seine Beteiligung, ihm muß Gelegenheit zur Stellungnahme zu allen relevanten Tatsachen und Beweisergebnissen gegeben werden. Damit ist das Gericht gehalten, nicht erhaben und unzugänglich wie Jupiter hinter den Wolken zu thronen[45], es muß sich vielmehr auf den Angeklagten, auf seine Sicht der Dinge, auf die Spannungen und Auseinandersetzungen des Prozesses einlassen[46]. Der Angeklagte muß zur Sprache kommen, seine Situation, seine Ansichten muß er in den Prozeß einbringen können. Ob das gegenwärtige Verfahren, insbesondere die Hauptverhandlung in ihrer derzeitigen Gestalt diesen Ansprüchen gerecht wird, kann durchaus bezweifelt werden. Es wäre zu überprüfen, ob die Subjektstellung des Angeklagten hinreichend gesichert ist, ob die Kommunikation nicht vermeidbare Verzerrungen aufweist. Roxin hat in seinem kürzlich veröffentlichten Berliner Vortrag wesentliche neuralgische Punkte genannt: Die Stellung des Gerichts, insbesondere des Vorsitzenden als Inquisitor und Entscheidender zugleich, ferner die gegenwärtige Form der Hauptverhandlung, die mehr auf eine retrospektive Feststellung der Tat angelegt ist als auf Art und Ausmaß der zu verhängenden Sanktion[47]. Anzuführen wären weiter die viel diskutierten Sprachbarrieren vor Gericht, die den Informationsertrag des Verfahrens

---

[43] *Habermas*, in: *Habermas / Luhmann*, Theorie der Gesellschaft oder Sozialtechnologie, 1971, S. 201.

[44] *Detlef Krauß*, Kriminologie und Strafrecht, in: Rechtswissenschaft und Nachbarwissenschaften, hrsg. v. Dieter Grimm, 1973, S. 254.

[45] *Erdsiek*, Von den beiden Todsünden des Richters, in: Juristen-Spiegel, 1959, S. 126 ff.

[46] *Jürgen Meyer*, Dialektik im Strafprozeß, 1965, S. 140 f.

[47] *Roxin*, Die Reform der Hauptverhandlung im deutschen Strafprozeß, in: Probleme der Strafprozeßreform, 1975, S. 55 ff.

wesentlich nachteilig verringern und Ungleichheit bewirken. Nun machen freilich hier viel pauschale, nicht überprüfte Behauptungen die Runde. Es dürfte aber nicht zu bestreiten sein, daß die Situation der Hauptverhandlung, das Zeremoniell, die fremde Sprache viele, insbesondere auch Unterschichtangehörige, vor allem wenn sie ohne Verteidiger sind, nicht richtig zur Sprache kommen läßt und ihre Einflußchancen mindert[48]. Über die vielfältigen Möglichkeiten der Abhilfe kann hier im einzelnen nicht gehandelt werden. Die Alternative zu Rottleuthners Modell ist aber nicht, wie dieser meint, ein rigider Normdruck, die Abweisung jeder Beteiligung des Betroffenen, richterliche Situationsherrschaft mit dem Ziel des Rollentodes des Angeklagten[49], sondern die Verbesserung der Beteiligungschancen.

V.

Wohl ein Stück realistischer sieht *Callies* die mögliche Situation des Strafverfahrens, der ebenfalls kommunikationstheoretische Vorstellungen in sein vom Gedanken der Partizipation ausgehendes Verfahrensmodell übernimmt[50]. Er distanziert sich von der Vorstellung des Strafprozesses als repressions- und herrschaftsfreier Kommunikation im Sinne Rottleuthners[51]. Freilich scheint mir die „dialogische Struktur" des Prozesses bei Callies weit überzogen und in formelhafter Verwendung beinahe zu Tode geritten. Gewiß ist der Betroffene nicht nur Objekt des Verfahrens, er ist Beteiligter. Auch Luhmann will offenbar Beteiligung und Konsens gar nicht ausschließen, wenn er ausführt, daß nicht unbedingt realer Konsens im Einzelfall nötig sei und wenn er von Chancen der Legitimation durch Beteiligung der Betroffenen, von gewissen Lernmöglichkeiten im Verfahren spricht[52]. Zutreffend hat Esser darauf hingewiesen, daß Lernen im Verfahren nicht allein Sache der ihm unterworfenen Betroffenen ist, auch der Richter muß die ihm bekannte dogmatische Verfestigung der Probleme an Hand des neuen Falles je neu überdenken[53]. In letzter Linie liegt die Entscheidung aber beim Gericht, Partizipation im Dialog sollte darüber nicht hinwegtäuschen.

Callies' Ausführungen scheint die Utopie einer nach dem jeweiligen Stand der Relation von Produktivkräften und Produktionsverhältnissen

---

[48] *Wassermann*, Zur Soziologie des Gerichtsverfahrens, in: *Naucke / Trappe*, Rechtssoziologie und Rechtspraxis, 1970, S. 145 ff.; *Wassermann*, Sozialer Ausgleich und Rechtsprechung — Möglichkeit und Grenzen, Wien 1975, S. 47.

[49] *Rottleuthner*, Kritische Justiz, 1970, S. 85.

[50] *Callies*, Theorie der Strafe im demokratischen und sozialen Rechtsstaat, 1974, S. 99 ff.

[51] Ebd. S. 101.

[52] Legitimation durch Verfahren, S. 115, S. 113.

[53] Vorverständnis und Methodenwahl in der Rechtsprechung, 1970, S. 211.

wachsenden Aufhebung von Herrschaft zugrunde zu liegen[54]. Zutreffend hat Luhmann die von ihm kritisch so bezeichnete, dagegen von Callies bejahend aufgenommene „heimliche Theorie des Verfahrens"[55], durch Partizipation werde die Persönlichkeit eingefangen, umgebildet und zur Hinnahme von Entscheidungen motiviert, als blasse, unrealistische Spekulation bezeichnet. Rödig mißversteht Luhmann gründlich, wenn er ihm diese Theorie unterstellt[56]. Das Strafverfahren kann jedenfalls in letzter Linie darauf nicht gegründet werden. Freilich schließt das die Wünschbarkeit und Möglichkeit der konkreten Konsensbildung nicht aus. Man wird, was bisher kaum geschieht, nach verschiedenen Arten von Verfahren, verschieden nach Anlaß und Betroffenen unterscheiden müssen[57].

Es gibt gerade vor dem Strafgericht die — generalpräventive Aspekte durchaus mitbedenkende — gemeinsame Suche nach dem Richtigen. Sie kann zu dem der Wiedereingliederung des Betroffenen förderlichen Ergebnis führen, daß eine Sanktion von allen Beteiligten einhellig akzeptiert wird. Das gilt etwa im Verfahren gegenüber geständigen Tätern, die aus ihrer Abweichung wieder zurück wollen — wobei die Problematik von Geständnissen durchaus zu beachten ist —. Hier kann und sollte das Verfahren nach dem Modell der „problemlösenden Gemeinschaft", das offenbar auch Winter / Schumann vorschwebt, gestaltet werden[58]. Das Verfahren muß aber auch mit der anderen Extremsituation fertig werden, auch mit einem das staatliche Recht und die Regeln des Verfahrens bewußt verneinenden, jeden Ansatz zu einem Konsens verweigernden Betroffenen.

Hier, etwa gegenüber einer entschlossenen Bürgerkriegsgruppe, die jede Einlassung auf das Verfahren ablehnt, zu keiner Antwort bereit ist, ist es allein die vom Grundkonsens der Allgemeinheit getragene, institutionelle Anerkennung der Gerichtsbarkeit schlechthin[59], die Legitimation bewirkt und dem isolierten Abweichenden keine Chance zur Durchsetzung mehr läßt. Die Mitwirkung der einzelnen Betroffenen

---

[54] Vgl. *Callies*, S. 101 f.

[55] *Luhmann*, S. 87, S. 88. *Callies*, S. 103 führt unter Zitation Luhmanns aus, zu Recht sei als heimliche Theorie des Verfahrens die Partizipation bezeichnet worden.

[56] *Rödig*, Die Theorie des gerichtlichen Erkenntnisverfahrens, 1973, S. 41 f., Note 33.

[57] Andeutungen in dieser Richtung bei *Krauß*, wie Note 44, S. 254. Krauß weist darauf hin, daß die strafrechtliche Problemschau von vornherein begrenzt sei durch die beschränkten Möglichkeiten eines für zahllose Fälle geltenden, standardisierten Verfahrens, das zu schnellen Entscheidungen kommen muß.

[58] *Winter / Schumann*, Sozialisation und Legitimierung des Rechts im Strafverfahren, zugleich ein Beitrag zur Frage des rechtlichen Gehörs, in: Jahrbuch für Rechtssoziologie und Rechtstheorie, 1972, insbes. S. 545 ff.

[59] *Luhmann*, Legitimation, S. 117.

kann fehlen, auf deren Konsens kommt es letztlich nicht an, solange und soweit der Grundkonsens über die Institution Gerichtsbarkeit vorhanden ist bzw. vermutet werden kann.

Zwischen den genannten Extremen liegt eine Vielzahl unterschiedlich gestufter Konsenschancen. Konsens bedeutet dabei sicher nicht nur die Zustimmung zu einem fertig daliegenden, einseitig entwickelten Vorschlag der staatlichen Instanzen, sondern durchaus auch eine als Ergebnis des dialogischen Austrags der Gegensätze sich ergebende, für alle oder einen Teil der Beteiligten akzeptable Lösung. Kann im dialogischen Stil gemeinsamer Problemerörterung gearbeitet werden, so kommt es zu mehr Information, die Perspektiven werden weiter; die Chancen, eine richtigere Entscheidung zu finden, die zugrunde-liegende Situation zu bereinigen und die Aussichten der realen Akzeptation auch durch den Sanktionsbetroffenen wachsen.

Man muß daher m. E. differenzieren: *Das* Strafverfahren gibt es in Wirklichkeit nicht, sondern eine Vielzahl verschiedener Verfahren, verschieden nach Gegenstand und Betroffenem. Das Recht muß allerdings allgemeine Regeln entwickeln, die den institutionellen Rahmen für die verschiedenen Typen von Verfahren bieten, vom gemeinsamen Problemlösungsverhalten aller Beteiligten bis zur unerbittlich geführten Auseinandersetzung mit grundsätzlichen Gegnern des Rechtssystems. Vieles wird der informellen Interaktion überlassen bleiben müssen, das Prozeßrecht kann wohl weithin nur Ermächtigungen geben und Grenzen markieren.

Man würde mich gründlich mißverstehen, wenn man meine Ausführungen etwa als ein Plädoyer für einen autoritären, monologischen Verhandlungsstil auffassen würde, der sich auf nichts einläßt, nur die Tatbestandsmerkmale herausfragt, Kommunikation verweigert, den Betroffenen ihre Selbstdarstellung versagt, die Sprach- und Verständigungsprobleme unberücksichtigt läßt. Die Grenzen der Kommunikation müssen m. E. vom Gericht bestimmt werden, das letztlich auch über eine Sanktion zu entscheiden hat. Eine ideale ungezwungene Sprechgemeinschaft, ein rationaler Dialog im Sinne von Herrschaftsfreiheit mit dem alleinigen Ziel zwangloser Einigung unter den Beteiligten, wie er etwa nach Winter / Schumann wenigstens als „Leitidee" gelten soll[60], ein „Diskurs" kann das Strafverfahren nicht sein.

Das Gegenmodell ist eine faszinierende, m. E. aber abwegige Utopie. Das Verlangen nach Kommunikation in „verletzlicher Intersubjektivität", nach „expressiver Selbstdarstellung" auch des Richters[61], nach

---

60 *Winter / Schumann*, wie Note 58, S. 546. Freilich argumentieren Winter / Schumann wesentlich vorsichtiger und abwägender als Rottleuthner.
61 Beides von *Rottleuthner*, Kritische Justiz, 1970, S. 85 dem gebräuchlichen richterlichen Verhalten gegenüber positiv bewertete Verhaltensweisen.

freiem, nicht an Rollengrenzen gebundenem, rein subjektiv-persönlichem Engagement des Richters in der Hauptverhandlung[62], die zum Ort anderswo nicht möglicher „demokratische(r) Normgewinnung" in unverzerrter Kommunikation würde[63], verkennt die Nachteile und Gefahren, die mit der Aufgabe der von Luhmann zutreffend gewürdigten richterlichen Distanz, der Verpflichtung zu „unpersönlichem Verhalten" verbunden wären[64]. Gerichtliches Strafverfahren soll — soweit möglich — Therapie vorbereiten, es darf deren Möglichkeiten nicht hindern oder zerstören, es kann aber selbst ebensowenig wie als Diskurs etwa nach dem Modell „therapeutische Gemeinschaft" angelegt werden[65].

Realer Konsens ist seinen Zielen förderlich, er sollte daher soweit möglich gesucht werden. Auf ihn angewiesen sein kann das Strafverfahren aber letztlich nicht.

Daß man damit Beteiligung, Dialog, Bemühen um Konsens praktisch doch wieder aus dem Verfahren herausdränge, weil Richter und Staatsanwälte sich darum nicht bemühen würden, wenn es ihrer letztlich nicht bedürfe, trifft m. E. nicht zu. Der Rückzug auf die „letzte Linie" ist nur eine der Möglichkeiten des Verfahrens, freilich die ganz entscheidende, die man nicht verschweigen oder hinwegreden sollte.

---

[62] So Teilnehmer meines Seminars über die Psychologie der Hauptverhandlung.
[63] *Winter / Schumann*, wie Note 58, S. 529 f.
[64] *Luhmann*, Legitimation, S. 95 f.
[65] Vgl. oben bei Note 31.

Bericht über die Diskussion
zu dem Referat von Hans-Ludwig Schreiber

(E. Peters, Kiel:) Der Begriff des generellen Konsenses über die Gerichtsbarkeit als solche sei bis zur Unkenntlichkeit verschwommen.

(H.-L. Schreiber, Göttingen:) Bei dem Begriff des Grundkonsenses über die Gerichtsbarkeit handele es sich nicht um einen scharf geränderten Begriff. Er impliziere nicht Freiwilligkeit oder inneres Überzeugtsein von der Richtigkeit dieser Institution. Gerade Luhmann habe hier die Ergebnisse der generellen Anerkennungstheorie, die von sozialer Akzeptation, vom Hinnehmen, vom allgemeinen Anerkennen der großen Mehrheit ausgehe, wesentlich verfeinert und gezeigt, daß angesichts der Komplexität und Vielfalt sozialer Themen realer Konsens im Sinne gleichsinniger und gleichzeitiger Überzeugung kaum je feststellbar sei. Die generelle Anerkennung lebe vom permanenten Überziehen des wirklich vorhandenen Konsenses. Die Institution bedinge, daß der, der sich gegen sie stelle, die Last trage, soziale Allianzen zu aktivieren. Von wirklicher Homogenität, wirklicher Gleichsinnigkeit, sei hier nicht mehr die Rede. Jedenfalls der Grundkonsens über die Gerichtsbarkeit als solche bedeute nicht das Gefallen der konkreten Entscheidung. Die einzelne Entscheidung bedürfe des Konsenses der Allgemeinheit nicht, sofern Grundkonsens über die Gerichtsbarkeit und ihre Funktion bestehe und die Entscheidungen im großen und ganzen akzeptabel seien.

(J. Hruschka, Hamburg; S. E. Wunner, Kiel:) Der Konsens des Angeklagten im Strafprozeß sei nicht Ziel des Verfahrens; denn Strafprozeß komme überhaupt nur bei faktischem Dissens im sozialen Bereich in Gang, und auch aus den Begriffen Strafe und Sanktion ergebe sich zwingend, daß es auf den Konsens des Täters nicht ankommen könne.

(M. Maiwald, Hamburg:) Der Konsens des Angeklagten könne, wenn er erreichbar sei, einen Teil der Funktion der Strafe übernehmen, etwa die Resozialisierung erleichtern. Es sei jedoch noch zu prüfen, ob nicht gegenläufige Strukturen institutionell im Strafverfahren angelegt seien, die teilweise diese Funktion des Konsenses unmöglich machten, weil sie ein Gespräch mit dem Angeklagten verhinderten. Damit sei das gemeint, was üblicherweise mit dem Begriff der Justizförmigkeit des Verfahrens umschrieben werde. Hier würden dem Angeklagten

Freiheitsrechte gewährt, was aber gleichzeitig bedeute, daß das Gericht sich des Angeklagten nicht in einer Person umgreifenden Weise annehmen könne. Etwa wenn das Gericht den Angeklagten fragen müsse, ob er sich zur Sache äußern wolle oder nicht.

(U. Scheuner, Bonn:) Ein völlig auf die Person abstellender Strafprozeß berge außerordentliche Gefahren. Es sei ein Stück der Selbstachtung auch des Angeklagten, daß nicht seine gesamte Persönlichkeit aufgerollt werde. Es bestehe die Gefahr, daß die Freiheit, die der Strafprozeß mit der Möglichkeit für den Angeklagten, sich einzulassen oder nicht einzulassen, aufrecht erhalte, aus paternalistischen Gründen beseitigt werde. Am Ende würde man dann nicht mehr Strafe, sondern nur noch Sozialschädlichkeit kennen.

(H.-L. Schreiber, Göttingen:) Nicht jede Akzeptation durch den Angeklagten sei schon Konsens. Hier gebe es vielmehr ganz unterschiedliche Stufen. So sei das, was Luhmann Akzeptation seitens des Betroffenen nenne, das resignierende sich Abfinden, weil die Sache aussichtslos sei, nicht Konsens. Auf der anderen Seite gebe es aber auch Konsens, die Annahme des Urteils aus der Einsicht heraus, irgendwie für die Abweichung einstehen zu müssen. Die Freiheitsrechte des Angeklagten seien wesentliche Momente seiner Subjektstellung, die für ihn im Strafprozeß auch das Recht einräumten, Konsens hinsichtlich dieser Entscheidung zu verweigern. Dann werde nach dem Grundkonsens über die Gerichtsbarkeit mit ihm verfahren. Es frage sich, ob dies nicht gerade in Bagatellsachen eine vernünftige und richtige Möglichkeit des Strafverfahrens sei; denn wenn sich etwa in Verfolgung moderner Tendenzen an jedes Bagatelldelikt psychiatrische Untersuchungen anschlössen, um die Entwicklung der Persönlichkeit des Täters zu erforschen, könne das zu größeren Nachteilen führen als das Verweigern jeder Mitwirkung, als die schlichte Hinnahme der Strafe durch den Angeklagten.

(G. Jakobs, Kiel:) Wegen des derzeitigen Inhalts des materiellen Rechts sei der Konflikt zwischen Konsens und Herrschaft im Strafrecht prinzipiell nicht lösbar. Konsens bedeute nicht nur, sich über etwas einig zu sein, sondern auch, daß man über das, worüber man einig sei, nicht weiter rede, daß man den Versuch weiterer Rationalisierung unterlasse. Das sei der Grundkonsens darüber, wie Herrschaft verteilt werden solle. Man sei sich einig, im Strafprozeß habe bestimmte Stücke das Individuum zu tragen, man nenne das Schuld; bestimmte Stücke trage die Gesellschaft, etwa Krankheiten, dann strafe man nicht. Damit aber sei der Konflikt deutlich: Wolle man wirklich Konsens und nicht nur Herrschaftsstabilisierung, müsse man einen freien Diskurs zulassen; nicht so, daß der Täter das Thema vorschreibe, aber er müsse

doch die Gegenthemen vortragen dürfen. Er dürfe dann nicht nur
— etwa — seine Zurechnungsunfähigkeit ins Feld führen, sondern seine
gesamte Sozialisation.

(H.-L. Schreiber, Göttingen:) Im Strafverfahren gehe es nicht nur
darum, einen zurückliegenden Vorgang festzustellen, hinsichtlich dessen dem Täter mit bestimmten Kategorien — Schuld, Zurechnungs-
fähigkeit — im Wege der Macht- und Herrschaftsverteilung etwas zu-
geschoben werde. Das Strafverfahren begreife, etwa im Hinblick auf
die zu verhängende Sanktion, mehr ein. Blicke man auch auf die Auswahl der Sanktion, könne die Selbstdarstellung des Angeklagten voll
ins Verfahren eingehen, das dann freilich noch immer kein Diskurs
werde. Denn der Diskurs sei das Prinzipielle, nicht durch irgendwelche
Zwangsgrenzen beschränkte, im Gleichberechtigungsverhältnis sich
ergebende Gespräch über das zu suchende Richtige. Selbst durch die
volle Darstellung dessen, was der Angeklagte für relevant halte, auch
jenseits der normativen Grenzen, die durch Schuld und Zurechnungs-
fähigkeit beschrieben würden, ergebe sich aber immer noch ein Unterschied zum Diskurs insofern, als die Grenze im modernen Prozeß zwar
weit sei, aber trotzdem nicht die Situation des Diskurses entstünde.

(G. Jakobs, Kiel:) Auch der Grundkonsens über die Herrschaftsverteilung werde fingiert, weil das materielle Recht nicht zur Diskussion
gestellt werde. Die Angeklagten, mit denen Konsens im Strafverfahren
möglich sei, seien letztlich unaufgeklärt; ihnen fehle die Einsicht, in
welchem Maße die Objektivität der rechtlichen Wertungen in Frage
gestellt werden könnte.

(H.-L. Schreiber, Göttingen:) Das beziehe sich nur auf den freien
und aufgeklärten Konsens. Der Begriff des Konsenses verlange das
aber nicht. Konsens könne auch schlichtes Hinnehmen sein. Konsens
brauche nicht auf freiem Diskurs zu beruhen.

(H. Schmitz, Kiel:) Trotz der gegenteiligen Standpunkte sei es möglich, vieles zu integrieren, wenn man den Gedanken der Perspektive
einführe. Aus der Perspektive des Angeklagten frage sich, wieweit es
auf den Konsens ankomme, ob es nicht ein Als-Ob-Konsens sei, bei
dem dem Angeklagten im Grunde Sand in die Augen gestreut werde.
Hier könne man, wie Luhmann weitgehend mit Recht schreibe, nicht
darauf rechnen, daß wirklich ernsthaft zugestimmt werde. Ganz anders
sei es aus der Perspektive des Richters. Hier bekomme das Konsensprinzip dann Sinn, wenn man es als Anweisung verstehe, so viel als
irgend möglich zu tun, um es dem Angeklagten zumutbar zu machen,
sich von seinem ganz anderen Standpunkt aus von dem des Richters
überzeugen zu lassen, das Urteil anzunehmen. Der Richter müsse das
Gesetz auf eine Situationsevidenz hin anwenden.

Das Konsensprinzip diene allein als Anweisung, ihn darauf hinzuweisen, nicht im geringsten aber als Beschreibung dessen, was im
Ernst vom Angeklagten verlangt werde.

Die Bedeutung des Konsenses
in privatrechtsgeschichtlicher Sicht

Von Theo Mayer-Maly, Salzburg

Was ist der Konsens? *Flume*[1] nennt ihn „das durch die Willenserklärungen der Kontrahenten bewirkte Einverständnis". Aber bewirkt nicht umgekehrt das Einverständnis die Willenserklärungen?

Wollte man unter „Einverständnis" lediglich die Konvergenz des Wollens, ein sentire cum alio, verstehen, müßte man es eher als Ursache denn als Folge der Willenserklärungen von Vertragspartnern ansehen. In Flumes Konsensdefinition kann nur eine andere Bedeutung sinnvoll sein: das Einverständnis als Resultat der Korrespondenz von Willenserklärungen. Folgerichtig verteidigt Flume die Lehre vom Vertragswillen gegen den Vorwurf des Mystizismus.

Welche Bedeutung hat aber jenes Einig-Sein, das die übereinstimmenden Willenserklärungen erst ermöglicht?

Keine, antwortet *Larenz*[2]. Die Rede vom Konsens erscheint ihm mißverständlich. Im klassischen römischen Recht möge consensus die innere Willensübereinstimmung bezeichnet haben, heute entscheide allein die Übereinstimmung der Erklärungen in ihrer rechtlich maßgeblichen Bedeutung, in ihrem durch Auslegung festzustellenden Sinn. Verwandt damit ist die bei *E. A. Kramer*[3] begegnende Unterscheidung zwischen normativem und innerem Konsens. Normativer Konsens ist gegeben, wenn Erklärungen vorliegen, die von Rechts wegen als übereinstimmend gelten — entweder weil ein Erklärender an einem nicht gewollten Erklärungsinhalt festgehalten wird oder weil ein Erklärungsempfänger eine Erklärung in einem bestimmten Sinne verstehen durfte. Innerer Konsens ist gegeben, wenn die Parteien tatsächlich dasselbe gemeint haben.

Es liegt auf der Hand, daß ein derartiges Verständnis der Normen über den Vertragsabschluß weitreichende, auch praktische Konsequenzen hat. So drängt sich die Frage auf, ob die Vertragsauslegung in den Fällen, in denen nur der normative Konsens gegeben ist, andere Wege

---

[1] Allg. Teil d. bürg. Rechts[2] (1975), 618.
[2] Allg. Teil d. dt. bürg. Rechts[2] (1972), 440 f.
[3] Grundfragen der vertraglichen Einigung (1972), 175 ff.

gehen soll als dann, wenn auch ein innerer Konsens vorliegt. Akzeptiert man die These von der Irrelevanz des inneren Konsenses[4], so wird es noch schwerer, die analoge Anwendung des Vertragsrechts in Fällen zu begründen, in denen die Beteiligten zwar einig waren, aber keinen Vertragsabschluß zustande brachten[5].

In eine dogmatische, also dem aktuellen Verständnis des positiven Rechts geltende Diskussion einzutreten, ist nicht das Ziel dieser Ausführungen. Ihre Absicht ist es, durch dogmengeschichtliche Hinweise zum Verständnis der geltenden Ordnung beizutragen. So wollen wir also fragen: Wie ist der Konsensbegriff, um den es heute geht, geformt worden?

Dem römischen Recht der Antike verdankt der Konsensbegriff des Privatrechts weniger, als gemeiniglich angenommen wird[6]. Die Definitionsscheu der Klassiker mag daran Anteil haben, daß kein Versuch unternommen wurde, den consensus der Konsensualkontrakte näher zu bestimmen. Wir haben bloß einige negative Aussagen: Error, vis und metus sind dem Konsens konträr[7]. Im übrigen begegnet der consensus nicht als Definiendum, sondern als Definiens:

Ulp. D 2, 14, 1, 1 f.: Pactum autem a pactione dicitur (inde etiam pacis nomen appellatum est) et est pactio duorum pluriumve in idem placitum et consensus.

Ulp. D 50, 12, 3 pr: Pactum est duorum consensus atque conventio, pollicitatio vero offerentis solius promissum.

Diese Definition des pactum durch einen umgangssprachlich offenbar klargestellten consensus begegnet dann in vielen Schriften der mittelalterlichen Jurisprudenz[8]. Manche Vokabularien übertragen die Begriffsbestimmung auf den contractus und nennen diesen duorum vel plurium in idem consensus. Erste Ansätze dazu, den consensus selbst zu definieren, dürften von der Bedeutung ausgegangen sein, die der Ehekonsens durch die Maxime consensus facit nuptias erlangt hatte. In seinem Kommentar zu den dort vom Ehekonsens handelnden Sentenzen

---

[4] Vorbereitet wurde diese These von *Roever*, Über die Bedeutung des Willens bei Willenserklärungen (1874), 24 ff. und *R. Leonhard*, Der Irrtum bei nichtigen Verträgen nach römischem Recht I (1892), 11 ff.

[5] Zur Auseinandersetzung um die „schlichte Einigung" einerseits *Mayer-Maly*, 2. Festschrift Nipperdey, Bd. 1 (1965), 509 ff.; andererseits *Bydlinski*, Privatautonomie und objektive Grundlagen des verpflichtenden Rechtsgeschäfts (1967), 117 ff.

[6] Vgl. aber *H. Fritsche*, Untersuchung über die Bedeutung von consensus und consentire in den Digesten (1888), und *R. Leonhard*, Paulys RE 7. Halbband (1900), s. v. Consensus (col. 902 ff.); zum inschriftlichen Gebrauch von consensus *de Ruggiero*, Dizionario epigrafico II 605 f.

[7] D 2, 1, 15 (zum Text, der gar nicht einem Konsensualkontrakt gilt, vgl. *J. G. Wolf*, Error im römischen Vertragsrecht, 1961, 18 f.); D 50, 17, 116 pr.

[8] So z. B. *Placentinus*, Summa Codicis (ed. 1536/1962), II 3, p. 40.

des Petrus Lombardus (Pars IV Dist. 30, qu. 1, art. 1) sagt Thomas v. Aquin: consensus autem voluntatis est actus qui praesupponit actum intellectus.

Der Ehekonsens hat aber nicht nur an den Reflexionen über den Begriff des Konsenses, sondern auch an den Ansätzen zu einer Lehre von der Willenserklärung beträchtlichen Anteil. So fordert die Glosse Tuae fraternitati zum Liber Extra (4,1,25), daß die, die sprechen können, ihrem Konsens durch Worte Ausdruck verleihen.

Die Orientierung am Konsens war nie auf das Privatrecht beschränkt. Klassische Juristen stützen die desuetudo, aber auch das ius als solches auf consensus[9]. Für die staatsrechtliche Lehre vom Grundkonsens findet man in der antiken Literatur starke Ansätze[10]. In der Schrift De concordantia catholica des Nicolaus Cusanus ist consensus ein Schlüsselwort. Bei Grotius[11] steht der privatrechtliche Konsens neben dem auf das Staatswesen bezogenen.

Wenngleich die Bemühungen um eine definitorische Erfassung des den Verträgen zugrunde liegenden Konsenses erst in der rationalistischen Naturrechtslehre ihren Höhepunkt erreichen, sind doch wichtige Ansätze aus der mittelalterlichen und der humanistischen Jurisprudenz festzuhalten. Die Glosse consensu zu D 44,7,2 erklärt consentire als simul et praesentialiter cum alio sentire. Zasius[12] diskutiert im Hinblick auf D 44,7,2 die Erklärung des Bartolus[13]: tunc dicimur consentire, quando simul et praesentialiter sentimus. Franciscus Connanus[14] gelangt überhaupt zu einer Begriffsbestimmung:

Consensus autem dicitur, cum duorum voluntates in unum concurrunt utroque approbante et sciente.

In dieser Definition wird der Gedanke des Vertragswillens sehr deutlich zum Ausdruck gebracht. Mit einer philologischen Erklärung begnügt sich dagegen Donellus[15]:

Consensus autem idem est quod simul sensus, quod vocula cum in compositione significat.

Daß freilich nicht jedes Übereinstimmen in einem sentire[16] genügt, um Konsens zuwege zu bringen, hatte schon Placentius[17] betonen müssen:

---

[9] Gai. inst. 3, 82; Jul. D 1, 3, 32, 1; Mod. D 1, 3, 40.

[10] Über den consensus iuris — besonders bei Cicero — nun Cancelli, Studi in mem. di. G. Donatuti I (1973), 211 ff.

[11] De iure belli ac pacis II 6, 9.

[12] Vol. 3, ed. 1550/1965, p. 486.

[13] Zu D 44, 7, 2 (Bartolus, Comm. in prim. Dig. novi partem, ed. Lyon 1550, p. 178).

[14] Commentaria iuris civilis VI (ed. Basel 1562, p. 555).

[15] Donellus enucleatus XII 14 not. (ed. 1619, p. 292).

[16] Zum vereinigenden con vgl. Wunner, Contractus (1964), 13 ff.

Nam si duo consentiant in eodem, puta quod Socrates est Socrates, non est pactum; sed opus est ut consentiant in idem, scilicet dandum faciendumve ex diversibus motibus animorum, postmodum convenientes in quid unum faciendum vel dandum.

Leistungsbezogene Einigkeit erscheint so als das Wesen des juristischen Konsenses, sobald dieser außerhalb des Eherechts behandelt wird. Noch *Lauterbach* sagt in seinem Collegium theorico-practicum[18], es sei nicht jede Übereinstimmung (etwa in disputationibus, in consiliis oder in testimoniis) ein Konsens, sondern nur die Einigung auf eine Leistungspflicht (de aliquid praestando consensus). Dem folgt *Kreittmayr*[19] bei der Erläuterung von Cod. Max. Bav. civ. IV 1,5: „Nicht jeder Consens, sondern nur jener allein, welcher in der Absicht ad aliquid dandum vel faciendum, mithin obligatorio modo erteilt wird, macht das Essentiale von einem Kontrakt aus."

Zur gemeinrechtlichen Lehre vom Konsens, deren über ein halbes Jahrtausend reichende Beständigkeit gerade an einem Beispiel demonstriert werden konnte, hat *Placentinus* noch einen weiteren Topos beigetragen: die wesentliche Partnerbezogenheit des consensus, die diesen von Ermächtigung und Genehmigung unterscheidet. Es heißt bei *Placentinus*[20]:

Consensus inquam placitus quia nemo secum sentiendo pacisci potest, immo opus est ut consentiat id est cum alio sentiat.

Schon in den Digesten war consensus untechnisch für die Zustimmung zur Vorgangsweise eines anderen gebraucht worden[21]. Bei *Althusius* steht consensus bald für Einigung[22], bald für Zustimmung[23]. Theoretisches Profil erlangte dieser Gebrauch von consensus mit *Dumoulins* Deutung der pollicitatio als consensus unius[24]. Schließlich setzte sich aber doch die Beschränkung des Konsensbegriffes auf gegenseitige Willenserklärungen durch[25].

So waren schon viele Bausteine für eine Theorie des Konsenses gewonnen. Einen bemerkenswerten Ansatz zu ihrer Verselbständigung unternimmt *Petrus Nicolaus Mozzius* in seinem Tractatus de con-

---

17 Summa Codicis (ed. 1536/1962), II 3, p. 41.
18 Vol. I (1707), 4 zu D 2, 14 (p. 254).
19 Anmerkungen über den Cod. Max. Bav. civ. IV (1821), 11.
20 Summa Codicis (ed. 1536/1967), II 3, p. 41.
21 Maecian D 36, 1, 67 pr.
22 Dicaeologicae (ed. 1649/1967), I 64, 5 (p. 219).
23 Ebenda I 91, 8 (p. 327).
24 *Dumoulin*, Comm. in Codicem (ed. Paris 1612, p. 106), II 3: Quemadmodum enim pactum est duorum, sic pollicitatio est unius tantum consensus.
25 Vgl. die Rede von der voluntas mutua et reciproca bei *W. A. Lauterbach*, Disputatio de voluntate, Dissertationum Academicarum Vol. III (ed. Tübingen 1728), p. 1048.

tractibus[26]. Er bietet ein besonderes Kapitel *de consensu*, das allerdings in den Tractatus de stipulatione eingebettet wird. Im Anschluß an die Glosse[27] wird der consensus als simul sensus, simul assensus und plurium voluntas, ad quos res pertinet simul iuncta bezeichnet. Schließlich heißt es[28]:

Tu dic ex mente nostra quod consensus est sensus duorum in idem conveniens.

Nur die Willensübereinstimmung gilt dem *Mozzius* als consensus. Der Wille als solcher ist unius tantum sensus. Auf das Vertragsrecht konzentriert ist das Konsensverständnis des *Mozzius* noch nicht. Es bezieht die deliktsrechtliche Bedeutung der Einwilligung des Verletzten[29] und viele Zustimmungsakte ein. Doch findet man schon hier die Lehre vom Konsens mit einer Lehre von der Willenserklärung verbunden.

Eine Theorie des Konsenses beim Vertrag finden wir aber nicht einmal bei *Grotius*. Den Konsens zu definieren, ist nicht sein Anliegen. Sein Begriff wird vorausgesetzt, wenn vom consensus als Grundlage des Erwerbs von Sachen und Rechten gesprochen wird[30]. Seine Defekte werden nicht in einer Lehre vom Vertrag, sondern bei Behandlung der promissio[31] erörtert. Dort folgt auf ein Stück über das Erfordernis des Vernunftgebrauches[32] die Auseinandersetzung mit dem pactum errantis[33]. Obwohl das pactum mehrere Erklärungen erfordert, ist alsbald vom consentire des promissor zu seinem Versprechen die Rede.

Pufendorf dagegen unternimmt es, den Konsens zu definieren. Seine Begriffsbestimmung erfolgt im Kapitel de voluntate hominis[34] und schließt sich dort an die Erläuterung der intentio an. Definiert wird der Konsens als

simplex adprobatio mediorum, quatenus utilia iudicantur ad finem.

Es fällt auf, daß diese Begriffsbestimmung weder mit dem Vertragsabschluß durch Erklärungsaustausch noch mit dem Vertragswillen als Resultat des Kontrahierens viel zu tun hat. Es geht vielmehr um die Bejahung einer Zweck-Mittel-Relation. Dem Konsens als Zustimmung

---

[26] ed. Köln 1614, p. 289 ff.

[27] Insbesondere die gl. consensu zu D 44, 7, 2.

[28] *Mozzius*, p. 300.

[29] Zu dieser auch *Martin Bonacina*, De contractibus et restitutione tractatus I 8 (ed. Lyon 1622), p. 44.

[30] De iure belli ac pacis II 11 1.

[31] Vgl. *P. Haupt*, Die Entwicklung der Lehre vom Irrtum beim Rechtsgeschäft seit der Rezeption (1941), 25 ff.; *Diesselhorst*, Die Lehre des Hugo Grotius vom Versprechen (1959), 82 ff.

[32] De iure belli ac pacis II 11, 5.

[33] De iure belli ac pacis II 11, 6.

[34] De iure naturae et gentium I 4 (ed. 1672, p. 50).

zu einer Vorgangsweise[35] steht dieses Verständnis näher als dem zum
Kontrakt führenden Konsens.

Es überrascht daher nicht, daß *Pufendorf* im Kapitel über den
Konsens bei promissa et pacta[36] auf den Konsensbegriff der Lehre
vom menschlichen Wollen gar nicht zurückgreift. Hier geht er vielmehr
von einem umgangssprachlichen Verständnis des Konsenses aus. Diesem
freilich weist er zentrale Bedeutung zu:

Die Einschränkung unserer Freiheit, die in der Obligierung durch
Versprechen und Vereinbarungen liegt, kann nur durch unseren Konsens erklärt werden. Dieser die Freiheitsbeschränkung rechtfertigende
Konsens ist aber nicht Willensübereinstimmung, sondern Zustimmung.
Er trägt auch die einseitige promissio. *Pufendorfs* Konsensverständnis
ist daher nicht notwendig auf die korrespondierende Willensbekundung
eines Partners bezogen.

Thomasius sieht den Konsens stärker als den Vertragswillen von
Kontrahenten. Er qualifiziert ihn als causa proxima constituendi
pactum[37]. Von der Seite des einen wird er promissio, von der des
anderen acceptatio genannt. Damit war die isolierende Lehre von der
promissio überwunden und das Konzept des Vertragsabschlusses durch
Erklärungsaustausch entworfen.

Den für die Lehre vom Konsens entscheidenden Schritt setzt aber
erst *Christian Wolff*. Er gelangt zu einer Konsensdefinition, die auf die
Rechtsgeschäftslehre der naturrechtlichen Kodifikationen einzuwirken
vermochte. Noch deutlicher als bei Pufendorf wurzelt bei *Wolff* die
Konsenstheorie in einer Lehre von den Eigenschaften und Handlungen
der Menschen.

Es ist bei dieser Gelegenheit zu unterstreichen, daß das Zivilrecht
ebenso wie das Strafrecht nicht ohne die Voraussetzung einer Handlungslehre auskommen kann. Der Versuch von *Ernst Wolf*[38], eine solche
auch für die Gegenwart zu entwerfen, verdient daher — ungeachtet
vieler zu Details und zur Gesamtkonzeption anzubringender Kritik —
vollen Respekt.

Die Konsensdefinition des *Christian Wolff* begegnet sowohl in der
Philosophia practica universalis[39] wie in den Institutiones iuris naturae
et gentium[40]. In den Philosophia practica steht sie im Kapitel über die
imputatio moralis; in den Institutionen im Stück De actione humanarum

---

[35] Vgl. oben bei Anm. 23.
[36] De iure naturae et gentium III 6 (ed. 1672, p. 331).
[37] Institutiones iurisprudentiae divinae II 7, 1, 6 (ed. 1730/1963, p. 136).
[38] AcP 170 (1970), 181 ff.
[39] I 6, § 658 (ed. 1738/1971, p. 486).
[40] I 1, § 27 (ed. 1750/1969, p. 15).

differentia earumque imputatione. Hier wie dort wird der consensus zu den actiones internas gerechnet und definiert als

volitio ut fiat vel non fiat, quod alter fieri vel non fieri vult.

Für *Wolff* gehört der Konsens zum Wollen. Darin stimmt er mit *Pufendorf*, aber auch mit *Thomas von Aquin* überein. *Thomasius*[41] dagegen hatte zwei partes des consensus angenommen: Intellekt und Wollen.

Das den Konsens konstituierende Wollen zielt auf ein Geschehen oder das Unterbleiben eines solchen. Wesentlich ist jedoch die Korrespondenz zum Wollen eines anderen, das gleichfalls auf dieses Gestehen bzw. dessen Unterbleiben gerichtet ist. In *Wolffs* Konzept ist für die Annahme eines consensus unius kein Raum. Sein Konsensbegriff ist nicht nur willens-, sondern auch partnerbezogen.

Übernommen wird der *Wolffsche* Konsensbegriff von *Daniel Nettelbladt*[42]. Auch er stellt den Konsens zu den actiones internas. Definiert wird der Konsens als actus voluntatis, quo idem fieri vel non fieri volumus, quod fieri vel non fieri vult alter.

Die Orientierung an der Absicht, daß etwas geschehen oder nicht geschehen soll, kehrt im Allgemeinen Landrecht für die Preußischen Staaten wieder — allerdings nicht in einer Bestimmung über den *Konsens*, sondern in der Legaldefinition der *Willenserklärung*. Diese ist nach ALR I 4,1 die „Äußerung dessen, was nach der Absicht des Erklärenden geschehen oder nicht geschehen soll".

Während *Wolff* und *Nettelbladt* vom inneren Konsens sprachen, geht es dem ALR um das nach außen Tretende. Offenbar teilt es die Überzeugung von *Lauterbach*[43], daß das Recht im allgemeinen nur äußere Vorgänge ordnen könne. So verbinden sich die vom *Konsensbegriff* des *Christian Wolff* ausgehenden Einflüsse mit dem Niederschlag der *Lehre von der Willenserklärung*[44]. An deren Formulierung hat *Lauterbach* entscheidenden Anteil. Seine Disputatio de voluntate[45] ist 1655 entstanden. Sie begreift die voluntas als actus facultatis rationalis elicitus aliquid sub ratione boni appetens[46]. Es wird zwischen vera und ficta voluntas unterschieden, wobei *Lauterbach* die erstere

---

[41] Institutiones iurisprudentiae divinae II 7, 1, 37 (ed. 1730/1963, p. 139).

[42] Systema elementare universae iurisprudentiae naturalis I (1757), § 43 (S. 30); Systema elementare iurisprudentiae positivae (1781), § 7 (S. 11).

[43] Disputatio de voluntate, in: Dissertationum Academicarum Vol. III (Tübingen 1728), p. 1053: Licet enim leges praeter externam, interdum etiam internam respiciant εὐταξίαν, regulariter tamen externorum tantum, non internorum actuum rationem habent.

[44] Zu deren Dogmengeschichte *Schloßmann*, Festgabe der Kieler Juristen-Fakultät f. Hänel (1907), 5 (48 ff).

[45] Dissertationum Academicarum Vol. III (Tübingen 1728), p. 1035 ff.

[46] 1041.

in expressa und tacita voluntas gliedert. Die Lehre von der stillschweigenden Willenserklärung hatte also neben einer Lehre von der fingier-
ten Willenserklärung ihren Platz. Erklärte voluntas ist nicht nur die
voluntas expressa, sondern auch die voluntas tacita[47].

Die naturrechtliche Zivilistik bringt sowohl eine Konsenstheorie wie
eine Lehre von der Willenserklärung zustande. Man sammelt nun
Maximen über den Konsens[48] und katalogisiert dessen Requisiten: Der
Konsens muß verus, declaratus und mutuus sein. Dies lehrt *Gottlieb
Gerhard Titius* in seinen Libri iuris privati romano-germanici[49]. Ihm
folgt *Kreittmayr*[50]: Der Konsens muß obligatorius, mutuus, verus, per-
fectus und declaratus sein. Manifest ist der Einfluß des zwischen 1650
und 1730 geschaffenen Lehrgebäudes auf die Kodifikationen. Er kündigt
sich schon in den Aussagen an, die der Codex Maximilianeus Bavaricus
civilis in IV 1,5 über den Konsens macht. Das ALR stellt dem Stück
über Willenserklärungen und Verträge einen Abschnitt voran (I 3:
„Von Handlungen und den daraus entstehenden Rechten"), der im Anschluß an *Christian Wolff* eine juristische Handlungslehre umreißt. Der
Allgemeine Teil des sächsischen BGB hat eine Abteilung „Von den
Handlungen" (§§ 79 ff.) und definiert in dieser Rechtsgeschäft (§ 88)
und Willenserklärung (§ 98). In der Tradition derartiger Bestimmungen
steht noch § 77 des 1. BGB-Entwurfs: „Zur Schließung eines Vertrages
wird gefordert, daß die Vertragschließenden ihren übereinstimmenden
Willen sich gegenseitig erklären."

Axel Hägerström[51] hat die These aufgestellt, erst die Naturrechts-
lehrer des 17. und 18. Jahrhunderts hätten den gemeinsamen Willen
zur Grundlage für die bindende Kraft des Vertrages gemacht. Der
bisher erhobene Befund korrigiert ihn zwar insofern, als wir schon bei
Connanus und *Mozzius* intensive Bemühungen um eine Erfassung des
consensus beobachten konnten, scheint ihm aber andererseits insofern
Recht zu geben, als sich zwischen 1650 und 1730 die Schaffung eines
Lehrgebäudes vollzieht, das mit einer Konsenstheorie und einer Doktrin von der Willenserklärung wesentliche Elemente der neueren Ver-
tragsdogmatik bereitstellt. *Hägerströms* Zuordnung dieses Lehrgebäudes zum Naturrecht erfaßt jedoch nur eine Komponente der damaligen
Entwicklung. Daß den Zeitgenossen die volle Komplexität des Geschehens bewußt war, zeigt eine Bemerkung von *Leyser*[52] in der 1715
entstandenen Disputation de pactis nudis:

---

47 Vgl. § 863 des österreichischen ABGB.
48 Vgl. das Promptuarium iuris von *E. I. Müller*, Vol. 3 (1785), 1987 ff.
49 ed. 1709, Vol. 2, p. 194.
50 Anmerkungen über den Cod. Max. Bav. civ. IV (1821).
51 Recht, Pflicht und bindende Kraft des Vertrages (1965) 41.
52 Meditationes ad Pandectas (ed. 1741), I 400 f.

Unde vero pacta nuda hodie vim obligandi accipiant, de ea non una Iurisconsultorum sententia est. Alii eam ex iure naturae derivant, atque rem hanc ad simplicitatem naturalem reductam dicunt. Alii ad ius canonicum provocant, quod in c. 1 et 3 X de pactis[53] omnia, quae promittuntur, compleri iubet. Alii denique mores veteres Germanicos, quibus omnes pactiones validae sunt, Spec. Sax. 1. 1 art. 7[54], mansisse perpetuum nec Iuris Romani receptione hac in parte interruptos fuisse perhibent. Sed parum interest, utrum subtilitatem Iuris Romani hac in parte iure naturali, an Germanico antiquo an canonico vinci dicas. Victa certe est et omnia pacta consensu perfecta vim eandem habent quam stipulationes.

Den Dogmatiker des Usus modernus interessieren historische Fragen wenig. Immerhin macht er zweierlei deutlich: Die Entstehung der konsensualen Vertragsordnung, die sich um 1700 vollzieht, muß im Zusammenhang mit der Durchsetzung der grundsätzlichen Klagbarkeit aller Vereinbarungen — also auch im Zusammenhang mit der Überwindung der Lehre von den pacta vestita — gewürdigt werden. In diesem Prozeß sahen die Zeitgenossen drei Kräfte wirksam: Naturrecht, kanonisches Recht und heimisches Recht.

Die Frage nach den Anteilen dieser drei Wirkkräfte war für *Stinzing*[55] offen und ist es in gewissem Maß auch heute noch. Den Einfluß der Naturrechtslehren des 17. und 18. Jahrhunderts hat *Stinzing* zu Unrecht bezweifelt. *Leyser* täuscht nicht, wenn er die Hinwendung zur Klagbarkeit aller Vereinbarungen als einen für ihn gegenwärtigen, wenn auch schon zu erfolgreichem Abschluß gelangten Prozeß darstellt.

Zwar hatte schon *Wesenbeck*[56] die zivile Klagbarkeit der pacta nuda behauptet, doch hielt noch *Vinnius*[57] an der Diskriminierung der pacta nuda fest. Für *Stryck*[58] gehört es zum ius modernum, daß man aus allen pacta klagen kann. Daher kann er die Frage, an hodie omnes contractus sint consensuales, stellen und bejahen[59]. Doch behauptet *Heinrich Cocceji* in der 1692 entstandenen Disputation de usu et

---

[53] X 1, 35, c. 1 und 3. Beide Dekretalenstellen ordnen die Klagbarkeit der pacta nuda nicht allgemein an. Diese wird vielmehr in der Glosse pacta custodiantur vertreten.

[54] „Wer icht borget ader lobit, der sal gelden, unde waz her tut, daz sal her stete halden."

[55] Kritische Vierteljahresschrift für Gesetzgebung und Rechtswissenschaft 23 (1881), 489 (509 f.).

[56] In Pandectas iuris civilis ... commentarii (ed. 1604) zu D 2, 14 col. 138 (als Paratitla ist das Werk von *Wesenbeck* schon 1565 erschienen).

[57] Iurisprudentiae contractae libri 4, II 5 (ed. 1663), p. 220: Multum enim refert nudane sit pactio an non nuda. Si nuda est, constans est veterum definitio ex nuda pactione obligationem non nasci; nisi facta sit legitima.

[58] Specimen Usus moderni pandectarum II 14 (ed. 1730, p. 271).

[59] p. 275 f.

differentia hodierna pactorum et stipulationum[60] den Fortbestand von
Unterschieden zwischen den pacta und der Stipulation: Als Vorvertrag
wirke das pactum schwächer; als Schuldaufhebungsvertrag wirke es
nicht ipso iure, sondern gäbe nur eine Einrede; die Kraft einer cautio
habe es auch nicht.

Eine letzte Spur der alten Ordnung, die vor dem ius modernum
im Sinne von *Leyser* liegt, findet man im Codex Theresianus[61], dem
ersten der zum österreichischen ABGB führenden Kodifikationsent-
würfe. Dort wird nämlich zwischen Verträgen und Kontrakten unterschieden. In § VII des Caput II seines 3. Teiles handelt der Codex „Von
dem Unterschied zwischen Verträgen und Contracten". Als Verträge
werden die Innominatkontrakte angesehen[62]. Ihre Gestalt „hanget von
der alleinigen Willkür derjenigen ab, von welchen selbe getroffen
werden" (II 2,46). Von den benannten Kontrakten unterscheiden sie
sich dadurch, „daß diese über die Kraft der beiderseitigen Vereinigung
von den Gesetzen eine eigene vorgeschriebene Gestalt und Namen
haben, an welche Gestalt die Contrahenten dergestalt gebunden sind,
daß sie ohne Beibehaltung derselben den vorhabenden Contract nicht
schließen können" (III 2,45).

Diese alte Ordnung, die nicht bereit war, alle Vereinbarungen über
Leistungen als verpflichtend anzuerkennen, ist in der Tat durch drei
Kräfte überwunden worden: durch Naturrecht, Kirchenrecht und
lokale Praxis. Die erste dieser Kräfte — historisch die jüngste —
haben wir schon kennengelernt. Nun gilt es, einiges über die beiden
anderen Komponenten zu sagen.

Die *Kanonisten* haben früh die These aufgestellt, auch aus dem
pactum nudum entstehe ein Anspruch. Die historische Entwicklung
dieser Lehre ist seit Jahrzehnten erschlossen[63]. Zu wenig beachtet
wurde jedoch die enge Verbindung zwischen dem kanonistischen Anteil
an der Durchsetzung der Vertragsfreiheit und dem *Versprechensbegriff*.

Daß es gerade die Lehre von der promissio war, die zur Konzeption
des Rechtsgeschäftes als Willenserklärung führte, ist heute ebenso
anerkannt wie die Bedeutung dieser Lehre für die Entfaltung der
Privatautonomie[64]. Man muß aber auch sehen, daß der Weg zur Klag-

---

[60] In: Exercitationum curiosarum I (1722), 1185 ff.

[61] ed. Harras v. Harrasovsky, 1883.

[62] Codex Theresianus III 2, 43.

[63] Vgl. *F. Spies*, De l'observation des simples conventions en droit cano-
nique, 1928; *J. Roussier*, Le fondement de l'obligation contractuelle dans
le droit classique de l'Eglise, 1933; *Pio Fedele*, Considerazioni sull'efficacia
dei patti nudi nel diritto canonico, Annali Macerata 11 (1937) 115 ff.; *Bellini*,
L'obbligazione da promessa con oggetto temporale nel sistema canonistico
classico, 1964.

[64] Noch in § 861 ABGB ist vom Versprechen die Rede.

barkeit der pacta nuda über die promissio geführt hat. Den Anstoß gab die mittelalterliche *Interpretation des Eidesverbotes* von Mt. 5,34. Eine Gesellschaft, in der der Eid — etwa als Lehens- oder als Reinigungseid — eine so große Bedeutung hatte, konnte diesem Bibeltext nicht die Unzulässigkeit der iuramenta entnehmen. Man versuchte aber, dem Text insofern Rechnung zu tragen, als man aus ihm ableitete, eine formlose promissio sei ebenso einzuhalten wie ein iuramentum. Besonders deutlich sagt dies *Albericus de Rosate* in seinem Dictionarium iuris tam civilis quam canonici[65]:

> Promissio simplex obligat sicut et iuramentum. Nec inter haec Deus facit differentiam, cum uterque contraveniendo peccet mortaliter.

Wer sein Versprechen nicht hält, begeht ein mendacium und soll — hier divergieren die Autoren — einer denuntiatio evangelica oder einer condictio ex canone ausgesetzt sein[66]. Nur dem Gebrauch des Wortes promiserint verdankt der canon Quicumque (C. 12 qu. 2 c. 66) des Decretum Gratiani seine zentrale Bedeutung für die Lehre von der Klagbarkeit der pacta nuda.

Die naturrechtliche Lehre vom Versprechen ist somit als eine Fortführung der kanonistischen Doktrin der promissio anzusehen.

Es fällt aber auf, daß sich die Lehre der Kanonisten durch Jahrhunderte nicht durchzusetzen vermochte, während die pacta nuda zu einer Zeit allgemein klagbar wurden, zu der das Ansehen kirchlicher Lehren beträchtlich geringer war als in vielen vorangegangenen Jahrhunderten. Es kann daher kein Zweifel daran sein, daß die Durchsetzung einer konsensualen Vertragsordnung nicht allein auf die Einwirkung kirchenrechtlicher Gedanken zurückzuführen ist.

Neben kirchenrechtlichen Konzeptionen sind schon seit *Carpzov*[67] und *Leyser* die Maximen des heimischen Rechts als Grundlagen der Klagbarkeit aller pacta angesehen worden. *Kreittmayr* verwies auf die „alte teutsche Redlichkeit", nach der es heiße „Ein Wort ein Wort, ein Mann ein Mann"[68]. *Witte*[69] behauptete eine „bindende Kraft des Willens im altdeutschen Obligationenrecht". Exakte Quellenbelege für eine alte deutschrechtliche Praxis stehen jedoch aus. Nicht einmal die im Freiburger Stadtrecht von 1520 aufgestellte Maxime „Wer bedechtlich zusagt, der sol es halten"[70] erbringt einen zwingenden Beweis. Die

---

[65] ed. Venedig 1523 (ohne Paginierung) s. v. promissio.

[66] Vgl. *Spies*, 40 ff. und *Roussier*, 84 ff.

[67] Iurisprudentia forensis Romano-Saxonica (ed. 1703) II 19, 17: de iure Canonico et moribus nostris Saxonicis etiam ex nudo pacto competat actio.

[68] Anmerkungen über den Cod. Max. Bav. civ. IV (1821), 8; zur ursprünglichen, anderen Bedeutung der Wendung E. *Kaufmann*, Juristische Schulung 1961, 120 ff.

[69] Ztschr. f. Rechtsgeschichte 6 (1867), 448 ff.

von *Knocke*[71] im Anschluß an *Kunkel*[72] angenommene Verbindung mit
C 8,37,10 leuchtet zwar nicht ein. Doch ist nicht auszuschließen, daß es
bloß um die Durchsetzung von dicta et promissa beim Tausch ging.

Deutlicher als für das heimische Recht der *deutschen* Lande lassen
sich jedoch für die *französische* und für die *italienische* Praxis des
Mittelalters Belege einer Klagbarkeit vieler nur konsensualer Vereinbarungen feststellen. *Calasso*[73] hat auf die oberitalienische convenientia hingewiesen. Die Einwände von *Astuti*[74] schlagen schon deshalb nicht durch, weil unterdessen *Ourliac*[75] ein thematisch allerdings
beschränktes Auftreten der konsensualen convenientia im altfran-
zösischen Recht dargetan hat. Vor allem aber ist zu beachten, daß
Timbal[76] in einer durch viele Urkunden und Urteile belegten Untersuchung eine vom kanonischen Recht unabhängige „pratique coutu-
mière" aufgezeigt hat, die für das 13. und 14. Jahrhundert einen weitgehend durchgesetzten Konsensualismus bekundet. Es mag hier dahin-
stehen, ob eine neuerliche Überprüfung der deutschrechtlichen Quellen
nicht einen teilweise entsprechenden Befund erbrächte.

Beachtung verdient es, daß zwei beweglichere Verkehrskreise zu einer
noch deutlicheren Emanzipation vom Typenzwang und der Doktrin
der pacta vestita gelangt sind: das Handelsrecht und die Kreuzfahrer-
staaten. Zu D 17,1,48 notiert *Bartolus*[77]:

In curia mercatorum, ubi de negotio potest decidi bona aequitate, non
potest opponi ista exceptio „non intervenit stipulatio, sed pactum nudum
fuit".

In den Assisen von Jerusalem kommt schon im 12. Jahrhundert die
Maxime „convenant vainc loi" auf[78]. Von ihr führt eine relativ kon-
tinuierliche Entwicklung zu Art. 1134 des Code Civil, in dem es heißt:
„Les conventions légalement formées tiennent lieu de loi à ceux qui les
ont faites."

Die Etablierung einer konsensualen Vertragsordnung an der Wende
vom 17. zum 18. Jahrhundert erweist sich somit als ein von vielen,
schon durch Jahrhunderte wirkenden Komponenten getragener Prozeß.

---

[70] II 6, 8 des Freiburger Stadtrechts von 1520, Quellen zur Neueren Privat-
rechtsgeschichte Deutschlands I/1 (1936), 254.

[71] Ulrich Zasius und das Freiburger Stadtrecht von 1520 (1957), 96 f.

[72] (A. 70), 254, Anm. 14.

[73] La „convenientia", 1932.

[74] I contratti obbligatori nella storia del diritto italiano I/1 (1952) 429 ff.;
Annali di Storia del Diritto 1 (1957) 13 ff.

[75] Etudes Petot (1959), 431 ff.

[76] Les obligations contractuelles dans le droit francais des XIIIe et XIVe
siècles d'apres la jurisprudence du Parlement, Bd. 1, 1973.

[77] Comm. in sec. Dig. veteris partem (ed. Lyon 1550, p. 115).

[78] Vgl. *Spies* (oben Anmerkung 63) 150 ff.

Das Bemühen um *verstehende Rechtsgeschichte* verbietet jeden Versuch einer monokausalen Deutung. Vielmehr fordert es, sich die stets wirksam gebliebenen *Gegenströmungen* vor Augen zu halten. Die wichtigste von ihnen gilt der *causa*[79].

Die Romanistenlehre von der Beschränkung der Klagbarkeit auf pacta vestita war von Anfang an der Orientierung an der causa verpflichtet. Das erweist sich schon am mittelalterlichen Verständnis von D 2, 14,7,4:

Sed cum nulla subest causa, propter conventionem hic constat non posse constitui obligationem: igitur nuda pactio obligationem non parit, sed parit exceptionem.

Die Glosse causa zu D 2, 14,7,4 versteht die causa als Äquivalent, als datio vel factum *ex quo vestiatur* contractus innominatus do ut des. Noch dem *Cuiacius*[80] erscheint das pactum nudum als eine conventio sine nomine proprio *et sine causa*. Die Maxime des *Domat*[81], ohne causa gebe es keine Obligation, hat hier ihre Wurzel[82].

Um so bemerkenswerter ist es, frühe Versuche zu notieren, das Streben nach einer umfassenden konsensualen Vertragsordnung mit der Forderung nach einer causa und der Doktrin der pacta vestita zu versöhnen. Schon die Glosse quin immo zu D 2, 14,7,5 hatte sich mit dem Argument auseinanderzusetzen, der consensus sei ein zureichendes vestimentum. In der Summa Hostiensis heißt es[83]:

non ergo dices, quod consensus per consensum vestiatur.

Den Konsens selbst zur allgemein anerkannten causa, zum vestimentum zu machen, hätte einen frühen Sieg der Vertragsfreiheit als Gestaltungsfreiheit bedeutet. Dies ist aber weder in der mittelalterlichen noch in der humanistischen Jurisprudenz erreicht worden. Erst bei *Thomasius*[84] lesen wir:

causa proxima constituendi pactum est consensus.

---

[79] Zum Verhältnis zwischen causa und Konsens L. *Lucas*, Le volonté et la cause, 1918; für die Dogmengeschichte der causa vgl. *Söllner*, SZ 77 (1960), 182 ff.; H. *Kaufmann*, Traditio 17 (1961) 107 ff.; *Mayer-Maly*, 2. Festschrift Wilburg (1975), 243 ff.; zur neueren, dogmatischen Diskussion über die causa vgl. *Stampe*, Das causa-Problem des Civilrechts, 1904; *Kreß*, Lehrbuch des allg. Schuldrechts (1929), 35 ff.; H. P. *Westermann*, Die causa im französischen und deutschen Zivilrecht, 1967; H. *Ehmann*, Die Gesamtschuld (1972) 130 ff.; *Flume,,* Allg. Teil d. Bürg. Rechts² (1975), 159 ff.

[80] Opera Vol. V (ed. 1778) col. 55.

[81] Les loix civilis dans leur ordre naturel I (1767), 20.

[82] Sogar im Codex Theresianus finden sich noch Spuren der Forderung nach einer causa: in der Rede von einer „verpflichtenden Ursache" der Verträge (III 2, 44).

[83] I de pactis 3 (ed. Basel 1573), col. 295.

[84] Institutiones iurisprudentiae divinae (ed. 1730/1963), II 7, 1, 6 (p. 136).

Diese Rede von der causa steht freilich einem philosophischen Ursachenbegriff erheblich näher als der gemeinrechtlichen causa-Doktrin. Auch geht es mehr um den Prozeß, in dem das pactum zustande gebracht wird, als um den Grund der obligierenden Kraft der Vereinbarung. Dennoch kann man die Gesinnung einer strikt konsensualen Vertragsordnung kaum deutlicher fassen.

An der Rechtswirklichkeit viel zu ändern, mag für die neue Ordnung nicht mehr notwendig gewesen sein. Die praktische Gestaltungskraft der vom Kontraktsschema emanzipierten Rechtsschichten — des kanonischen und des heimischen Rechts — ist hoch einzuschätzen. Dennoch ist die Preisgabe der Romanistenlehre von den pacta vestita viel mehr als eine überfällige Anpassung der Theorie an die Praxis. Erst die klassische Vernunftsrechtslehre gibt dem Gedanken der konsensualen Vertragsordnung die Grundsätzlichkeit[85], in der er bis heute wirkt.

Falsch wäre es, diesen Gedanken als Manifestation eines radikalen Voluntarismus zu deuten. Äquivalenzrelationen sind ebensowenig wie die Unerläßlichkeit einer Objektivierung der Einigung aus dem Auge verloren worden. Wenn das ALR (I 11,59) der laesio enormis „die rechtliche Vermutung eines den Vertrag entkräftenden Irrtums" entnimmt, bekundet es zur Zeit des Höhepunktes des Einflusses vernunftrechtlicher Theorien ein die Äquivalenz in die Vertragsgrundlagen einbeziehendes Konsensverständnis.

Bydlinskis These[86], neben der Willensübereinstimmung seien die Verkehrssicherheit, die ethische Kraft der Vertragstreue und eben die Äquivalenz als Grundlagen des verpflichtenden Rechtsgeschäfts zu beachten, steht daher der klassischen Vertragskonzeption viel näher, als in der bisherigen Diskussion gesehen wurde. Immer wieder begehen die Kritiker dieser Konzeption den Fehler, ein von voluntaristischem Purismus gekennzeichnetes Modell zum Thema der Auseinandersetzung zu machen. Für ein derartiges Modell lassen sich aber nur einige rechtsphilosophisch gehaltene Passagen anführen. Sobald es zur legislativen oder jurisprudentiellen Konkretisierung der Konzeption kommt, treten die objektivierenden Faktoren der Lehre von der Willenserklärung und häufig auch Handhaben zur Berücksichtigung von Äquivalenzrelationen hinzu. Das durch juristische Dogmengeschichte erfahrbare Konsensverständnis verträgt radikalen Voluntarismus ebenso schlecht wie eine völlige Trennung des rechtserheblichen Konsenses vom Wollen.

---

[85] Vgl. zu diesem Aspekt *Wieacker*, Festschrift Welzel (1974), 7 ff.
[86] Privatautonomie und objektive Grundlagen des verpflichtenden Rechtsgeschäfts (1967), 122.

Vertragsschluß durch Konsens?

Von Eugen Dietrich Graue, Kiel

Wir leben in einer Zeit, in der Fortschritt und Rückschritt kaum noch zu unterscheiden sind. Was der eine als Aufbruch zu neuen Ufern begrüßt, erscheint dem anderen als der lange Marsch durch das Neandertal. Tabus zerplatzen, Dogmen werden außer Kraft gesetzt, Lehrgebäude wanken. Kein Bereich der Politik, der Kunst, der Wissenschaft bleibt von der Herausforderung verschont. Das gilt auch für das Privatrecht. Seine geringere Anfälligkeit für ideologische Zeitströmungen, die es — vom Familienrecht abgesehen — sogar das Dritte Reich überleben ließ, bewahrt es heute nicht mehr vor bohrenden Fragen, die an scheinbar unerschütterliche Grundsätze rühren. Zu ihnen gehört der Leitgedanke, daß ein Vertrag durch übereinstimmende, vom Willen der Parteien getragene Erklärungen zustandekomme. So ist denn auch das Thema dieses Vortrages — als einziges dieser Reihe — mit einem Fragezeichen versehen worden. Darin liegt keine Koketterie, sondern die Anerkennung eines dogmatischen Zustands, dessen größter Reiz in seiner Richtungslosigkeit liegt. Ich möchte nun versuchen, diese anarchische Szene auf meine Weise zu beleuchten, die völlig unmaßgeblich ist und mit der sich niemand zu identifizieren braucht.

Beginnen wir mit einer kleinen Ortsveränderung von Husum nach Rondebosch, einem Vorort von Kapstadt, am Fuß des Tafelbergs gelegen, wo sich u. a. die englischsprachige University of Cape Town befindet. Dort mietete sich vor rund 20 Jahren ein Mann mit dem Familiennamen George für längere Zeit im Hotel Fairmead ein, einem jener „residential hotels", die in südafrikanischen Großstädten nicht selten sind. Eines unschönen Tages mußte Mr. George beim Nachhausekommen feststellen, daß jemand sein Zimmer ausgeplündert hatte. Der Täter wurde nicht ermittelt, und Mr. George nahm das Fairmead Hotel, das keine Entschädigung leisten wollte, auf Schadensersatz in Anspruch. Er konnte seinen Anspruch auf das receptum cauponum, die römischrechtliche Gastwirtshaftung, stützen[1]; denn in Südafrika gilt

---

[1] Ed. Dig. 4, 9, 1 pr : „... Nautae caupones stabularii quod cuiusque salvum fore receperint nisi restituent, in eos iudicium dabo." Dazu *Max Kaser*, Das Römische Privatrecht, 1. Bd., 2. Aufl. München 1971, § 136 III 2, und 2. Bd., München 1959, § 266 IV.
Nach römischem Vorbild haben viele Gesetzeswerke der Neuzeit eine besondere Gastwirtshaftung eingeführt; vgl. art. 1952 Code civil, § 970 ABGB,

bekanntlich, ebenso wie auf Sri Lanka (Ceylon), noch heute das römische Recht, das dort vor 300 Jahren von den holländischen Siedlern eingeführt wurde[2]. Das Hotel erwiderte, Mr. George habe schriftlich auf Ansprüche wegen etwaiger durch Diebstahl verursachter Schäden verzichtet; zum Beweis legte es eine vornehm in Leder gebundene Urkunde vor, die in synoptischer Darstellung — links auf Englisch, rechts auf Afrikaans — neben dem üblichen Inhalt eines Beherbergungsvertrages die Freizeichnungsklausel enthielt und auf der linken Seite von Mr. George unterschrieben worden war[3]. Mr. George trug vor, er habe die Freizeichnungsklausel nicht zur Kenntnis genommen. Da in Südafrika mit der schrittweisen Eroberung aller Landesteile durch die Briten das englische Verfahrensrecht eingeführt wurde[4], zeichnete sich die mündliche Verhandlung durch die bekannten Eigenarten des englischen Beweisrechts aus: Befragung der Zeugen einschließlich des Klägers selbst, der in eigener Sache vernommen werden konnte, durch die beiderseitigen Anwälte (direct and cross examination) und wörtliche — nicht nur sinngemäße — Wiedergabe dieser Dialoge im Protokoll. Mr. George erklärte auf Befragung laut Niederschrift, der gedruckte Text, den er unterschrieben habe, sei ziemlich umfangreich gewesen und daher — so wörtlich — „I didn't bother to read it". Seine Klage wurde in drei Instanzen abgewiesen. Aus dem abgedruckten Urteil des höchsten Gerichts, der Appellate Division in Bloemfontein, ist deutlich zu ersehen, daß die Richter dem Kläger vor allem die mangelhafte Wahrnehmung seiner Interessen verübelten. Durch die Unterzeichnung des englischen Vertragstextes habe er, so hieß es, als Angehöriger des englischsprachigen weißen Bevölkerungsteils gezeigt, daß er zumindest einen flüchtigen Eindruck von Inhalt und Bedeutung

---

§§ 701 ff. BGB, Art. 487 schweiz. OR, art. 1784 Codice civile. Eine vom Istituto per l'unificazione del diritto privato in Rom und vom Europarat vorbereitete Konvention vom 17.12.1962 führte u. a. zur Änderung der Vorschriften des BGB durch Bundesgesetz vom 24.3.1966, sowie der artt. 1952 - 1954 Code civil durch Loi no. 73 - 1141 du 24.12.1973 relative à la responsabilité des hôteliers.

[2] *R. W. Lee*, An Introduction to Roman-Dutch Law, 5th ed. Oxford 1953, pp. 1 - 23; *H. R. Hahlo / Ellison Kahn*, The South African Legal System and Its Background, Cape Town—Wynberg—Johannesburg 1968, Part II, chapters X - XVII; *H. A. Nell*, Das römisch-holländische Recht in Südafrika, JZ 1952, S. 97; *L. J. M. Cooray*, The Reception of Roman-Dutch Law in Sri Lanka, The Comparative and International Law Journal of Southern Africa VII (1974), pp. 295 et seq.

[3] Wortlaut der Klausel: "I hereby agree that the proprietor shall not be responsible for loss of or damage to my property brought upon the premises, whether arising from fire, theft, or otherwise by whomsoever caused, or arising from negligence or wrongful act of any person in the employ of the proprietor." George v. Fairmead (Pty.) Ltd., 1958 (2) South African Law Reports 465 et seq. (App. Div.).

[4] *O. D. Schreiner*, The Contribution of English Law to South African Law, and the Rule of Law in South Africa, Hamlyn Lectures, 19th Series, London—South Africa 1967, pp. 5 et seq.; *Hahlo / Kahn*, p. 128: "Our law of evidence is very largely the same as English Law."

der Urkunde erlangt habe. Mit dem Vorbringen, er habe die Freizeichnungsklausel nicht als solche erkannt, könne er daher nur gehört
werden, wenn er aus anerkennenswerten Gründen verhindert gewesen
wäre, die Klausel zu lesen und ihren Sinn zu verstehen. Solche Gründe
seien jedoch nicht erkennbar; Mr. George sei vielmehr nur ein Opfer
seiner eigenen Nachlässigkeit geworden[5].

Mit der Entscheidung im Falle George v. Fairmead wäre, wie ich
meine, ein römischer iurisconsultus ebenso einverstanden gewesen, wie
heute ein englischer common lawyer sie billigen müßte. Denn durch
seine Unterschrift hatte Mr. George auf etwaige Schadensersatz-
ansprüche aus dem Beherbergungsvertrag verzichtet und damit einen
Rechtsschein begründet, an den er sich halten lassen mußte. Zwar
lassen die Urteilsgründe der Appellate Division sogar erkennen, daß
die Unterschrift allein den Kläger nicht verpflichtet hätte, wenn die
Freizeichnungsklausel ihm trotz zumutbaren Bemühens unbekannt
oder unverständlich geblieben wäre. Diese Voraussetzungen hätte er
aber beweisen müssen, und seine eigene Aussage bewies, wie erwähnt,
eher das Gegenteil solchen Bemühens[6].

Nun stellt sich allerdings die Frage, was wir aus einem solchen
geographisch entfernten und rechtlich kaum problematischen Vorgang
lernen können. Mir scheint er in zweifacher Hinsicht erwähnenswert:
Einmal zeigt er uns, wie heutzutage noch ein unmittelbar am römischen
Recht orientiertes Gericht ein Problem des modernen Rechtsverkehrs
durch Rückgriff auf elementare Begriffe des Vertragsrechts zu be-
wältigen sucht. Zum anderen aber erinnern uns die sorgfältige Beweis-
erhebung und Beweiswürdigung seitens der beteiligten Gerichte an ein
Leitmotiv in der Geschichte des Vertragsrechts, das in der Wirrnis der
heutigen Kasuistik unterzugehen droht: nämlich an die Beziehung

---

[5] George v. Fairmead (Pty.) Ltd., 1958 (2) South African Law Reports 465
(AD); dazu Anmerkung von E. K. (Ellison Kahn), 75 South African Law
Journal (1958), pp. 257 et seq. Es handelt sich um die erste und bisher einzige
Entscheidung des höchsten südafrikanischen Gerichts über eine Freizeich-
nungsklausel. Eine Inhaltskontrolle wurde nicht vorgenommen.

[6] Das römische Recht gestattete dem Gastwirt die Freizeichnung; D. 4, 9,
7 pr.: „... item si praedixerit, ut unusquisque vectorum res suas servet
neque damnum se praestaturum, et consenserint vectores praedictioni, non
convenitur." Dazu Kaser (Fn. 1), § 136 III 2 a. E.
Nach deutschem Recht ist die Haftung des Gastwirts seit 1966 (vgl. Fn. 1)
eingeschränkt, die Freizeichnung in diesem Rahmen jedoch ausgeschlossen,
§§ 701, 702, 702 a BGB. In ähnlicher Weise sind artt. 1952, 1953 Code civil
neugefaßt worden.
Aus der neueren englischen Rechtsprechung zu Freizeichnungsklauseln
vgl. Suisse Atlantique Société d'Armement Maritime, S. A v. N. V. Rotter-
damsche Kolen Centrale (1966), 2 W. L. R. 944 (1966), 2 All E. R. 61, H. L. (E),
(1967), 1 A. C. 361; Harbutt's „Plasticine", Ltd., v. Wayne Tank and Pump Co.,
Ltd. (1970), 1 Q. B. 447; (1970), 2 W. L. R. 198 ((C. A.); dazu Brian Coote, The
Effect of Discharge by Breach on Exception Clauses, 28 Cambridge Law
Journal (1970), pp. 221 - 240.

zwischen Rechtslehre und Beweislage. Ich möchte behaupten, daß diese Beziehung auch und gerade für das Thema „Vertragsschluß durch Konsens" von ausschlaggebender Bedeutung ist.

Es ist eine Binsenweisheit, daß ein Rechtsfall in der Praxis zu mindestens 90 % aus Tatfragen und höchstens zu 10 % aus Rechtsfragen besteht. Ebenso ist bekannt, daß die in Deutschland traditionelle Juristenausbildung in der universitären Phase ausschließlich die Beschäftigung mit chemisch gereinigten Rechtsfragen zum Gegenstand hat, während die Ermittlung und Aufbereitung der rechtserheblichen Tatsachen der praktischen Ausbildung vorbehalten sind. Das mag seine guten Gründe haben, aber es hindert den angehenden Juristen, die auf ihn wartenden Aufgaben in den richtigen Proportionen zu sehen. Mehr noch, es verhindert die Erkenntnis, daß zwischen den Institutionen der Rechtsordnung und den tatsächlichen Umständen, auf die sie anzuwenden sind, ein wahrnehmbarer Zusammenhang besteht und bestehen muß[7]. Die beste Rechtsordnung ist nutzlos, wenn die tatsächlichen Voraussetzungen ihrer Anwendung unklar bleiben oder im Einzelfall nicht mit genügender Sicherheit feststellbar sind. Anders ausgedrückt: die durch Rechtsnormen verwirklichte oder wenigstens angestrebte Gerechtigkeit kann sich durch Vernachlässigung der Rechtssicherheit in ihr Gegenteil verkehren. Gerade der Vertragsschluß als eines der wesentlichen Phänomene des Privatrechts kann hierfür als Beispiel dienen.

Berufene Interpreten des römischen Rechts haben den gewaltigen Fortschritt gewürdigt, den das römische Recht durch die Herausbildung des Konsensualvertrages gebracht hat[8]. Wenn aber das griechische und germanische Recht diesen Schritt nicht taten und selbst das englische common law bis heute vom Grundsatz ausgeht „ex nudo pacto actio non oritur"[9], dann erklärt sich dies nicht allein durch besondere Fortschrittlichkeit der einen und Rückständigkeit der anderen, sondern es geht vielmehr um die Frage, ob die Ermöglichung des Vertragsschlusses durch bloße Erklärung das hierdurch erhöhte Beweisrisiko und damit eine Gefährdung der Rechtssicherheit aufwiegt. Wer sich einer Aufweichung überlieferter Formen widersetzt, gibt sich damit noch nicht als juristischer Hinterwäldler zu erkennen. In archaischen Rechten bildete

---

[7] Über Tatsachenermittlung und Beweiswürdigung vgl. *Max Kaser*, Das Römische Zivilprozeßrecht, München 1966, §§ 1 IV 2 - 3, 52 - 53, 73, 91; *Heinrich Nagel*, Die Grundzüge des Beweisrechts im europäischen Zivilprozeß, Baden-Baden 1967; *Cheshire* and *Fifoot*, The Law of Contract, 7th ed. London 1969, pp. 102 et seq.; das deutsche Verfahren beschreibt aus englischer Sicht E. J. *Cohn*, in: Manual of German Law, vol. II, 2nd ed. London 1971, nos. 9.25, 9.86-104.

[8] *Kaser* (Fn. 1), §§ 122 ff.

[9] Halsbury's Laws of England, 3rd ed. (Simonds), vol. 8, London 1954, Contract, no. 197 mit Nachweisen.

zwar die Form im Recht einerseits noch die sichtbare Verbindung zur
Religion, aus der das Recht hervorgegangen ist und von der es sich in
außereuropäischen Kulturen bis heute nicht ganz gelöst hat. Aber
andererseits hatte sie doch den praktischen Zweck der Beweissicherung,
den sie heute noch hat. Einsicht in die Bedeutung der Form war in
alten Kulturen, in denen die schriftliche Überlieferung noch nicht die
Regel war, gerade ein Zeichen des Verständnisses für die Notwendig-
keiten der Rechtspraxis. Religiöse Überlieferung wie praktische Einsicht
bewirkten den Zustand, den kürzlich der Göttinger Rechtshistoriker
Wilhelm Ebel mit dem Satz gekennzeichnet hat, das alte Recht habe
nicht Formen gehabt, sondern es habe aus Formen bestanden; „die
Form war das Recht"[10]. So hat denn auch das römische Recht den
großen Schritt zum Konsensualvertrag nur in einem begrenzten Bereich getan und den Konsens als Vertragsgrundlage nur bei wechsel-
seitigen Verpflichtungen der Vertragsteile sowie beim Auftrag zuge-
lassen[11]. Noch vorsichtiger sind die common lawyers zu Werke gegangen.
Das englische Recht verzichtete auf die urkundliche Form — „deed"
oder „convenant" — nur im Austausch gegen die heute noch gültige,
wenn auch heftig befehdete Lehre von der Consideration, d. h. vom
Gegenleistungsverhältnis als notwendiger Wirksamkeitsvoraussetzung
eines nicht in urkundlicher Form geschlossenen Vertrages[12]. Ebenso
wie im römischen Recht spielte der Auftrag (contract of agency) eine
Sonderrolle; im Regelfall unentgeltlich wie das römische mandatum,
konnte der Auftrag dennoch formfrei zustandekommen[13]. Soweit die
Consideration verlangt wurde, bestand sie zunächst immer noch in
einem erkennbaren und damit leicht nachweisbaren Vorgang wie einer
Teilleistung[14a]. Erst eine spätere Epoche hat die Consideration so weit
dem römischen Consensus angepaßt, daß beim gegenseitigen Vertrag
ein bloßes Leistungsversprechen jeder Partei als Consideration für die
Leistung der anderen Partei genügt[14b]. Im Ergebnis stimmen folglich

---

[10] Vortrag im Seminar für Rechtsgeschichte in Kiel am 31. 1. 1975; vgl.
dazu *Wilhelm Ebel*, Recht und Form — Vom Stilwandel im deutschen Recht,
Recht und Staat 449, Tübingen 1975.

[11] *Kaser* (Fn. 1), §§ 122, 123, 130 - 134, 261.

[12] Halsbury's Laws, op. cit. (Fn. 9), nos. 197 et seq.; *Cheshire* and *Fifoot*,
The Law of Contract, 7th ed. London 1969, pp. 57 - 93.
In Südafrika wird weder ein deed noch eine consideration verlangt; Con-
radie v. Rossouw, 1919 App. Div. 279, *R. W. Lee* (Fn. 2), p. 234. Insoweit hat
sich also das Roman-Dutch Law gegenüber dem Common Law behauptet.

[13] *Kaser* (Fn. 1), § 134.4; *Cheshire* and *Fifoot* (Fn. 12), p. 427; *F. H. Lawson*,
A Common Lawyer looks at the Civil Law, The Thomas M. Cooley Lec-
tures, 5th Series, Ann Arbor 1953, pp. 118 - 119, 121; *A. G. Chloros*, The
Doctrine of Consideration and the Reform of the Law of Contract, 17 International and Comparative Law Quarterly (1968), pp. 137 et seq. (157).

[14a] Executed consideration, Halsbury's Law, no. 201; *Cheshire* and *Fifoot*,
pp. 57 - 61.

[14b] Executory consideration, Halsbury's Laws, no. 201; *Cheshire* and *Fifoot*,
pp. 57 - 61.

Common Law und Civil Law, wie englischsprachige Juristen das römisch
beeinflußte Recht des europäischen Kontinents nennen, weithin überein.
Die Grenze zwischen konsensualen und anderen Verträgen entspricht
im wesentlichen der Unterscheidung zwischen entgeltlichen und un-
entgeltlichen Verträgen[15].

Die Sorge der Rechtspraxis gegenüber einer Aufweichung der
Formen hat in der Geschichte zu wiederholten Versuchen geführt, durch
besondere Normen den wegen der Gefahr von Eidesverletzungen wenig
geschätzten Zeugenbeweis einzuschränken. So hat die Ordonnance de
Moulins von 1566 als Eingriff der Königsgewalt in das französische
Recht den Zeugenbeweis gegenüber dem Urkundenbeweis zurückgedrängt. Sie lebt in art. 1341 des Code civil fort, der für alle Rechtsgeschäfte mit einem Wert von mehr als 50 F den Zeugenbeweis gegenüber urkundlichen Zeugnissen ausschaltet; nur im kaufmännischen
Bereich wird durch art. 109 des Code de Commerce diese Hierarchie
der Beweismittel aufgehoben[16]. Der Grundgedanke der Ordonnance
de Moulins ist 111 Jahre später durch das englische Statute of Frauds
von 1677 übernommen worden. Hiernach machte bei bestimmten Verträgen einschließlich aller Kaufverträge mit einem Wert von mehr als
10 £ die fehlende Schriftlichkeit den Vertrag zwar nicht unwirksam,
aber undurchsetzbar (unenforceable), stufte ihn also zur unvollkom-
menen Verbindlichkeit herab. Das Statute of Frauds gilt zwar in
England seit 1954 nicht mehr für Kaufverträge, ist aber dafür in den
meisten Staaten der USA mit einem zum Teil noch erweiterten Inhalt
übernommen worden[17]. Auf die internationalprivatrechtlichen Probleme,
die sich hieraus ergeben, insbesondere auf die Frage der Qualifikation
solcher Vorschriften als materiell oder prozessual, kann ich hier nicht
eingehen[18]. Für unser Thema genügt der Hinweis, daß es sich hier

---

[15] So auch *Lawson* und *Chloros* (Fn. 13), die zugleich die consideration von
der cause des französischen Rechts (art. 1108 Code civil) und von der causa
der deutschen Dogmatik unterscheiden, *Lawson*, pp. 157 et seq.; *Chloros*,
pp. 145 et seq.

[16] *Murad Ferid*, Das Französische Zivilrecht, 1. Bd., Frankfurt/M. 1971,
Rdz. 1 E 138 ff. m. w. N. Zu den Ausnahmen vom Zeugenbeweisverbot in
art. 1347 et suiv. Code civil vgl. Ferid, 1 E Rdz. 142 ff.
Aus englischer Sicht *Chloros* (Fn. 13), pp. 149 et seq.

[17] Über die Herkunft des Statute of Frauds aus der Ordonnance de Moulins
vgl. *Ernst Rabel*, The Statute of Frauds and Comparative Legal History,
63 Law Quarterly Review 174 (1947).
Zum englischen Recht vgl. *Clive M. Schmitthoff*, The Sale of Goods, London 1966, pp. 7 - 8; *Cheshire* and *Fifoot* (Fn. 12), pp. 166 - 188.
Zur Rechtslage in den USA: *Samuel Williston*, The Law Governing Sales
of Goods, Rev. Ed. New York 1948, vol. I, §§ 50 - 126 b.
Eine neue Rechtsgrundlage bietet nunmehr in 49 Staaten sec. 2 - 201 Uni-
form Commercial Code.

[18] *Gerhard Kegel*, Internationales Privatrecht, 3. Aufl. München 1971,
§ 17 V 3 d (S. 249) m. w. N.; BGH 30. 7. 1954, JZ 1955, S. 702 mit Anm. von
Franz Gamillscheg.

offenbar um einen Ausdruck des Mißtrauens gegenüber den Folgen des Konsensualvertrages handelt und um einen Versuch, ihn auf dem Wege über Beweis- oder Formvorschriften einzuengen.

Das deutsche BGB hat sich von solchen Rückfällen freigehalten und entsprechend seinem liberalen Geist nicht nur die Zahl der formgebundenen Rechtsgeschäfte eng begrenzt, sondern auch über den Grundsatz der Vertragsfreiheit dem Konsensualvertrag zur allgemeinen Anerkennung verholfen. Wenn etwa die Vorschriften über Leihe, Darlehen und Verwahrung noch dogmatische Erinnerungsposten an die Realverträge des römischen Rechts enthalten, so besteht doch kein Zweifel, daß in der Praxis auch hier der Parteiwille den Vertrag begründen kann. Besonders deutlich zeigt sich dies bei den Vorschriften über das Darlehen: zwar läßt das Gesetz entsprechend den römischen Vorlagen den Vertragsschluß durch Konsens nur beim Darlehensvorvertrag (pactum de mutuo dando, § 610 BGB) zu, aber der von ihm zur Grundlage des eigentlichen Darlehens erklärte Realvertrag (§ 607 BGB) wird in der Praxis mit Hilfe der Vertragsfreiheit durch den Konsensualvertrag verdrängt[19]. Gegenüber dem schweizerischen Obligationenrecht, das bereits wenige Jahre nach Inkrafttreten des BGB das Darlehen schlechthin auf Konsens gründete (Art. 312 OR), besteht daher praktisch kaum noch ein Unterschied[20].

Wenn neuerdings der Konsensualvertrag gerade im deutschen Rechtsbereich erneut zum Gegenstand von Auseinandersetzungen geworden ist, dann liegt dies bekanntlich an einer Vielzahl von Entwicklungen in Praxis und Theorie, die den Konsens als Grundlage des Vertrages auf bestimmten Gebieten oder insgesamt in Frage stellen. Einige Stichwörter mögen genügen.

1. So hat die Rechtsprechung schon in der Zeit des Reichsgerichts die Berufung auf Nichtigkeit oder Anfechtbarkeit von Gesellschaftsgründungen im Interesse der Gläubiger eingeschränkt. Damit wird zugleich anerkannt, daß Kapital- und Personalgesellschaften durch ihren Eintritt in den Geschäftsverkehr wirtschaftliche, soziale und rechtserhebliche Tatsachen schaffen, die nicht mehr nachträglich durch

---

[19] Zum römischen Recht *Kaser* (Fn. 1), § 124 III.
Zum geltenden deutschen Recht *Larenz*, Lehrbuch des Schuldrechts, Bd. 2, 10. Aufl. München—Berlin 1972, § 47 II.
Weiteres Schrifttum bei *Palandt / Putzo*, 34. Aufl. 1975, Einführung vor § 607 A. 1.

[20] Art. 312 OR: „Durch den Darlehensvertrag verpflichtet sich der Darleiher zur Übertragung des Eigentums an einer Summe Geldes oder an anderen vertretbaren Sachen, der Borger dagegen zur Rückerstattung von Sachen der nämlichen Art in gleicher Menge und Güte."
Am römischen Vorbild orientieren sich dagegen noch art. 1892 Code civil, § 983 ABGB und sogar art. 1813 Codice civile.

Beseitigung der rechtsgeschäftlichen Grundlagen dieser Unternehmen zum Nachteil der Gläubiger rückgängig gemacht werden können[21].

2. Ebenso wird im Arbeitsrecht der Gedanke vertreten, daß die Wirksamkeit und Durchsetzbarkeit des Arbeitsvertrages nicht ausschließlich durch die Normen des BGB bestimmt werden kann. Nicht der Arbeitsvertrag im strengen Sinne, sondern das Arbeitsverhältnis wird hiernach als Gegenstand sozialen Schutzes aufgefaßt. Dadurch sollen insbesondere minderjährige Arbeitnehmer vor den Folgen schwebender Unwirksamkeit ihrer Verträge bewahrt werden[22].

3. Die Verträge zwischen Versorgungsunternehmen und ihren Kunden über die Lieferung von Wasser, Strom und Gas sowie die Verträge zwischen öffentlichen Beförderungsunternehmen und ihren Fahrgästen sollen von der Anwendung der allgemeinen Vorschriften über Rechtsgeschäfte ausgenommen werden. Damit wird nicht nur wie in den vorher genannten Fällen die Anwendung von allgemeinen Normen ausgeschlossen, aus denen sich die Unwirksamkeit oder Anfechtbarkeit solcher Verträge ergeben könnte, sondern hier wird bereits aus einem bestimmten tatsächlichen Verhalten — insbesondere Angebot und Inanspruchnahme einer Leistung — das Zustandekommen eines Vertrages abgeleitet, ohne daß es überhaupt auf den Willen der Parteien ankommen soll. Bekanntes Beispiel für diese Auffassung ist eine Entscheidung des Landgerichts Bremen aus dem Jahre 1966, durch die ein neunjähriges Kind, das ohne Zustimmung seiner Eltern eine Straßenbahn bestiegen und einen schon entwerteten Fahrausweis nochmals verwendet hatte, zur Zahlung des Fahrgeldes und einer Vertragsstrafe verurteilt wurde[23].

4. Schließlich tritt im Schrifttum und gelegentlich in der Rechtsprechung die Ansicht zutage, es könne auch bei anderen Rechtsgeschäften sogar entgegen dem klar geäußerten Willen einer Person aus ihrem tatsächlichen Verhalten ein Vertragsschluß abgeleitet werden. Besonders bekannt ist der sogenannte Parkplatzfall geworden, den der Bundesgerichtshof 1956 zugunsten eines Parkplatzvermieters gegen einen zahlungsunwilligen Benutzer entschied[24]. Weniger Aufsehen hat

---

[21] Übersicht über die Rechtsprechung bei *Lehmann / Hübner*, Allgemeiner Teil des BGB, 15. Aufl. Berlin 1966, § 34 I 4.
Aus der neueren Rechtsprechung vgl. BGH 24. 10. 1951, BGHZ 3, S. 285; 29. 11. 1952, BGHZ 8, S. 157; BGH 28. 11. 1953, BGHZ 11, S. 190.
[22] Knappe Darstellung des Streitstands bei *Alfred Söllner*, Arbeitsrecht, 2. Aufl. Stuttgart 1971, §§ 1 I, 28 II-III; ferner bei *Peter Hanau / Klaus Adomeit*, Arbeitsrecht, Frankfurt/M. 1972, F III 3 mit weiteren Nachweisen.
[23] LG Bremen 17. 8. 1966, NJW 1966, S. 2260, dazu krit. Anm. von *Medicus*, NJW 1967, S. 354.
[24] BGH 14. 7. 1956, BGHZ 21, S. 319 = NJW 1956, S. 1475 = BB 1956, S. 769 = Betrieb 1956, S. 817 = JZ 1957, S. 58 m. Anm. von *Wieacker* = MDR 1957, S. 149 m. Anm. von *Arwed Blomeyer*.

kurz danach eine weitere Entscheidung des Bundesgerichtshofs ausgelöst, durch die ein Hofeigentümer zur Übertragung des Hofes auf
seinen Neffen verurteilt wurde, obwohl er mit diesem nur einen Pacht-
vertrag geschlossen, die darin vorgesehene Übertragung auf den Neffen
unter Hinweis auf das Fehlen der erforderlichen Form immer wieder
abgelehnt und schließlich sogar den minderjährigen Sohn seines Ver-
walters adoptiert hatte, um auch einen erbrechtlichen Übergang des
Hofes auf den Neffen zu verhindern[25].

Es geht hier um die Lehren vom sogenannten faktischen Vertrag, vom
sozialtypischen Verhalten und vom sozialen Vertragsverhältnis. Ihre
Verfechter, unter denen vor allem Günther Haupt[26], Karl Larenz[27] und
Spiros Simitis[28] zu nennen sind, haben hier ohne Zweifel eine schwache
Stelle im System des Vertragsrechts erkannt. Die oft geradezu leiden-
schaftliche Befürwortung und Ablehnung ihrer Gedanken läßt zu-
mindest die Einprägsamkeit ahnen, die der besonders häufig gebrauchte
Begriff des sozialtypischen Verhaltens in einer als Sozialwissenschaft
verstandenen Jurisprudenz aufweist. Lehren dieser Art sind nicht auf
die Bundesrepublik Deutschland beschränkt, obwohl sie nach meinem
Eindruck in keinem anderen Lande so großen Einfluß auf Praxis und
Wissenschaft ausüben. Es stellt sich also schon hier die Frage, ob der
Konsens heute — 2000 Jahre nach seiner Entdeckung — als Mittel des
Vertragsschlusses ausgedient hat.

Der für unsere Zwecke abgekürzte Tatbestand ist klar. Ihn zu be-
urteilen ist deswegen schwierig, weil schon der Ausgangspunkt ein
grundsätzliches Bekenntnis voraussetzt. Entweder geht man vom
Bestehenden aus und fragt, ob und inwieweit ein Umdenken notwendig
sei. Oder man sieht im bisher anerkannten System nur eine von mehreren möglichen Lösungen. Um nicht allzusehr in einen luftleeren Raum
zu geraten, halte ich mich — altersgemäß — an die erstgenannte,
konservative Betrachtungsweise. Die Frage lautet demgemäß: Rechtfertigen die genannten Fallkategorien ein Ergebnis, wonach der Konsens als Mittel des Vertragsschlusses nicht mehr uneingeschränkt oder
überhaupt nicht mehr anzuerkennen ist?

Betrachten wir nacheinander in aller gebotenen Kürze die genannten
Fallgruppen.

---

[25] BGH 5. 2. 1957, BGHZ 23, S. 249 (261).

[26] *Günter Haupt*, Über faktische Vertragsverhältnisse, Leipzig 1943, erstmals gedruckt als Beitrag zur Festschrift für Heinrich Siber, Bd. 2, 1941,
S. 1 ff.

[27] *Karl Larenz*, Lehrbuch des Schuldrechts, 1. Bd. (Allgemeiner Teil),
10. Aufl. München—Berlin 1970, § 4 II.

[28] *Spiros Simitis*, Die faktischen Vertragsverhältnisse als Ausdruck der
gewandelten sozialen Funktion der Rechtsinstitute des Privatrechts, Frankfurt 1957; Besprechungen: *Ballerstedt*, AcP 157, S. 117 (1957); *Steindorff*,
BB 1958, S. 462; *Larenz*, NJW 1958, S. 862.

1. Das Problem der rechtlich mangelhaft zustandegekommenen Kapital- oder Personengesellschaft ist weniger ein dogmatisches als ein rechtspolitisches. Es geht dabei in erster Linie um den Schutz der Gesellschaftsgläubiger, in zweiter Linie um den Bestand des Unternehmens als Wirtschaftseinheit. Der erstgenannte Gesichtspunkt hat die Rechtsprechung ausgelöst, der nachgenannte scheint sie zu bestätigen. Daß infolge ständiger Rechtsprechung hier bereits ein Gewohnheitsrecht entstanden ist, kann natürlich allein einen Bruch im System nicht dogmatisch rechtfertigen. Es ist auch Kritikern der Rechtsprechung wie Haupt und Simitis zuzugeben, daß infolge der von Fall zu Fall fortschreitenden Entwicklung dieses Gewohnheitsrechts eine durchgehende dogmatische Rechtfertigung Schwierigkeiten bereitet. Der für mich entscheidende Gesichtspunkt ist jedoch, daß durch diese Rechtsprechung der Konsens als Mittel des Vertragsschlusses überhaupt nicht in Frage gestellt wird. Vielmehr wird von der Praxis die grundsätzliche Geltung der allgemeinen Normen über Rechtsgeschäfte durchaus anerkannt und nur dem Interesse Dritter der Vorrang gegeben[29]. Dies liegt aber, wie mir scheint, durchaus in der Linie einer Entwicklung, die das Gesellschaftsrecht als lex specialis hervorhebt und den von früheren Gesetzgebern vermiedenen Begriff des Unternehmens neuerdings entschlossen in die Gesetzessprache — vor allem in das Aktiengesetz und das Gesetz gegen Wettbewerbsbeschränkungen[30] — einführt. Dieses Phänomen begegnet uns auch bei anderen Versuchen der Abgrenzung zwischen Gesellschaftsrecht und Bürgerlichem Recht; ich erinnere nur an den bekannten Konflikt zwischen Gesellschaftsrecht und Erbrecht beim Tode eines persönlich haftenden Gesellschafters[31]. Das Problem stellt sich weltüber. So ist etwa in den USA der Begriff der „de facto corporation" wohlbekannt[32], und in Frankreich wie in Italien entwickelt die Wissenschaft ähnlich wie bei uns einen Begriff der „entreprise" bzw. „impresa", der von bürgerlichrechtlichen Mängeln der Gründung unberührt bleibt[33]. Dies alles hat aber, und nicht nur

---

[29] Lehmann / Hübner (Fn. 21), § 25 I 2 e.

[30] §§ 15 - 22, 291 ff. AktG i. d. F. von 1965; im GWB insbesondere §§ 1, 15. 22, 25, 27. Vgl. Peter Raisch, Geschichtliche Voraussetzungen, dogmatische Grundlagen und Sinnwandlung des Handelsrechts, Karlsruhe 1965, S. 179 ff., zum Begriff des Unternehmens.

[31] Wolfgang Siebert, Gesellschaftsvertrag und Erbrecht bei der OHG, 3. Aufl. Karlsruhe 1958; Heinrich Lange, Lehrbuch des Erbrechts, München—Berlin 1962, § 5 V; Peter Behrens, OHG und erbrechtliche Nachfolge, Hamburg 1969; Hans Brox, Erbrecht, 3. Aufl. Köln—Berlin 1974, § 44.

[32] William L. Cary, Cases and Materials on Conporations, 4th ed. Mineola 1969, pp. 70 et seq.; Lattin / Jennings / Buxbaum, Corporations — Cases and Materials, 4th ed. Mundelein 1968, pp. 89 et seq.

[33] Claude Champaud, Le pouvoir de concentration de la Société par actions, Paris 1962; Jean Paillusseau, La société anonyme — Technique d'organisation d'entreprise, Paris 1967; Angelo Grisoli, Le Società con un solo socio, Padova 1971.

nach meiner bescheidenen Meinung, mit dem Konsens als Mittel des Vertragsschlusses nichts zu tun. Es geht hier, in zugespitzter Ausdrucksweise, nicht um eine de facto-Gesellschaft, sondern um eine *defekte* Gesellschaft, deren Mängel aber ihre Tauglichkeit als Wirtschaftseinheit nicht erheblich mindern.

2. Auch in der Problematik des fehlerhaften Arbeitsvertrages glaube ich eher ein rechtspolitisches als ein dogmatisches Bedürfnis zu erkennen. Im Unterschied zum fehlerhaften Gesellschaftsvertrag geht es freilich hier um die schutzwürdigen Interessen eines — nämlich des vermutungsweise schwächeren — Vertragspartners. Was hier zur dogmatischen und auch gesetzlichen Anerkennung des Arbeitsverhältnisses unter Hintanstellung etwaiger Mängel des Vertragsschlusses geführt hat, ist aber — ebenso wie im Gesellschaftsrecht — die spezifische Eigenart dieses Rechtsgebietes. Den Konsens als Mittel des Vertragsschlusses stellt m. E. auch diese Entwicklung nicht eigentlich in Frage. Vielmehr sollen nur die *Folgen* des rechtlich fehlerhaften Vertragsschlusses aufgefangen werden[34]. Vor allem haben die Fälle des fehlerhaften Gesellschafts- oder Arbeitsvertrages eines miteinander gemeinsam, was sie aus dem Bereich unserer Fragestellung heraushält: Sowohl im einen wie im anderen Falle ist der Vertragsschluß regelmäßig *gewollt*, und es ist das Gesetz, das seiner Wirksamkeit entgegensteht. Darum werden auch in beiden Bereichen durch Praxis und Theorie nur die der Wirksamkeit entgegenstehenden Hindernisse bzw. ihre Auswirkungen neutralisiert. Der Konsens als Mittel des Vertragsschlusses kann dagegen erst in Frage gestellt werden, wenn Gerichte oder gar Gesetzgeber einen Vertrag unterstellen, der *nicht gewollt* ist.

3. Die Massenverträge im Bereich der sog. Daseinsvorsorge sind denn auch der bevorzugte Ansatzpunkt für diejenigen geworden, denen der Konsens als Mittel des Vertragsschlusses für moderne Bedürfnisse nicht mehr auszureichen scheint. Daran ist sicherlich richtig, daß der Anschluß an ein Wasser-, Strom- oder Gasnetz Berührungspunkte mit dem öffentlichen Recht aufweist und die Unterwerfung des einzelnen Abnehmers unter die Bedingungen des jeweiligen Versorgungsunternehmens in der Regel einfach unterstellt wird. Die Frage ist jedoch, ob etwaigen Willensmängeln nicht mit den Mitteln des geltenden Rechts beizukommen ist. So hat das Reichsgericht schon 1925 den Widerspruch eines Großabnehmers gegen die ihm auferlegten Bedingungen als bloße protestatio facto contraria bezeichnet, weil er auch nach dem

---

Zur Geschichte des Unternehmensbegriffs in den romanischen Ländern vgl. *Raisch* (Fn. 30), S. 156 ff., 168 ff., 172 ff.

Früheres Schrifttum zur „société de fait" bei *Simitis* (Fn. 28), S. 108 ff., 227 ff.

[34] Vgl. *Söllner* sowie *Hanau / Adomeit* (Fn. 22).

Widerspruch weiterhin Lieferungen entgegengenommen hatte[35]. Hier
wurde also mit durchaus herkömmlichen Mitteln der Gegensatz zwischen verbaler Nichtzustimmung und einem tatsächlichen Verhalten,
das ein unvoreingenommener Beobachter als Zustimmung deuten mußte, zugunsten des letzteren entschieden. Das Urteil ließe sich natürlich
ebenso mit der zu jener Zeit noch nicht entwickelten Lehre vom sozialtypischen Verhalten rechtfertigen, aber zu seiner Begründung war das
Reichsgericht auf eine solche Hilfe nicht angewiesen.

4. Damit kommen wir zur Parkplatz-Entscheidung des Bundesgerichtshofs von 1956. Es sei daran erinnert, daß dieses Urteil auch
und scheinbar in erster Linie eine öffentlichrechtliche Komponente
aufwies, ging es doch den Beteiligten zunächst um die Frage der Einschränkung des Gemeingebrauchs an städtischen Grundstücken durch
Vermietung von Parkplätzen[36]. Daß der Fall öffentlichrechtliche Bezüge
hatte, ist für die Entscheidung der privatrechtlichen Frage sicherlich
bedeutsam gewesen. Diese letztere Entscheidung hätte vom Ergebnis
her keine Sensation bedeutet. Selbst ihrer Begründung konnte man
insoweit zustimmen, als diese den Anspruch des Vermieters auf die
Parkgebühr nicht wie die Hamburger Vorinstanzen lediglich auf un-
gerechtfertigte Bereicherung, sondern auf Vertrag stützte. Daß aber
der Fünfte Senat, der damals entschied, den Vertrag unter Berufung
auf Haupt und Larenz aus sozialtypischem Verhalten des Parkplatz-
benutzers ableitete, ohne die Gegenargumente auch nur zu erwähnen,
trug ihm allein von Larenz selbst einen zustimmenden Kommentar[37],
ansonsten aber erbitterte Schelte ein; Heinrich Lehmann sprach von
einer Verwilderung der Rechtsprechung[38]. In der Tat wäre diese Entscheidung, ebenso wie das vorhin erwähnte Reichsgerichtsurteil, mühelos über die protestatio facto contraria zu begründen gewesen; das
Reichsgerichtsurteil ist jedoch in der Parkplatz-Entscheidung nicht erwähnt und wurde dem BGH erst von den Kritikern vorgehalten[39a].
Schon wenig später hat das höchste Gericht in einem Fall, der wiederum
die Bedingungen eines Versorgungsunternehmers zum Gegenstand
hatte, das Anzapfen einer Leitung, das dem Täter eine Bestrafung

---

[35] RG 29. 8. 1925, RGZ 111, S. 310.

[36] Vgl. die Fundstellen in Fn. 24 und die Anmerkung von *Bettermann*,
MDR 1957, S. 151.

[37] *Larenz*, Die Begründung von Schuldverhältnissen durch sozialtypisches
Verhalten, NJW 1956, S. 1897; Sozialtypisches Verhalten als Verpflichtungs-
grund, DRiZ 1958, S. 245.

[38] *Wieacker*, Urteilsanmerkung, JZ 1957, S. 58; *Blomeyer*, Urteilsanmerkung, MDR 1957, S. 153; *Nipperdey*, Faktische Vertragsverhältnisse?, MDR
1957, S. 129; *Lehmann*, Faktische Vertragsverhältnisse, NJW 1958, S. 1. Kritisch auch *Flume*, Das Rechtsgeschäft, Berlin—Heidelberg—New York 1965,
§ 8, 1 - 2.

[39a] *Nipperdey* (Fn. 38), S. 130.

nach § 248 c StGB eingetragen hatte, mit Hilfe der Lehre vom sozialtypischen Verhalten als Vertragsschluß gedeutet und die inzwischen
veröffentlichten Einwände Wieackers[39 b] gegen das Parkplatzurteil ausdrücklich zurückgewiesen; insbesondere meinte der BGH, gerade dieser
Fall zeige, daß die protestatio facto contraria als dogmatische Grundlage für die Annahme eines Vertragsschlusses nicht ausreiche[40].

Konnte man in diesen beiden Fällen noch mit dem Ergebnis einverstanden sein, so ließ sich die bereits vorhin erwähnte Entscheidung
desselben Senats im Hofübergabefall[41] nur rechtfertigen, wenn es auf
den unmißverständlich geäußerten Willen des Hofeigentümers überhaupt nicht mehr ankam. Was diesem als sozialtypisches Verhalten
angerechnet wurde, war hier allein der Abschluß eines langjährigen
Pachtvertrages mit dem Neffen, dem hiernach beim Tode des Onkels
der Hof zufallen sollte, in Verbindung mit der hierauf folgenden Inanspruchnahme und Entgegennahme von Leistungen. Wenn der Neffe
anfangs noch hoffen durfte, als Ausgleich für langjährige Arbeit den
Hof später vom kinderlosen Onkel entweder aufgrund des nicht beur-
kundeten Vertrags oder durch Erbgang zu erhalten, so hatte sich der
Onkel, nachdem es zwischen beiden zu einem Zerwürfnis gekommen
war, in einer Weise verhalten, die jede Hoffnung ausschloß. Ob man
dem Neffen mit einem Schadensersatzanspruch oder nach Bereicherungsrecht zu einem Ausgleich hätte verhelfen können, ist angesichts
des zwischen den Parteien bestehenden Pachtvertrages sehr zweifelhaft.
Daß aber der Onkel zur Übertragung des Hofes verpflichtet wurde, war
zumindest im Lichte der herkömmlichen Regeln bloße Kadi-Recht-
sprechung und ließ sich nur dadurch begründen, daß die Lehre vom
sozialtypischen Verhalten mit der kaum weniger anfechtbaren Rechtsprechung über Ausschaltung von Formhindernissen nach § 242 BGB
zu einem waghalsigen Trapezakt verbunden wurde[42].

5. Das soeben Ausgeführte mag wie eine Leichenschändung wirken,
denn der Bundesgerichtshof hat, möglicherweise von der zornigen
Kritik beeindruckt, in der Folgezeit die Lehre vom sozialtypischen Verhalten zwar noch herangezogen, sie aber nicht mehr zur alleinigen
Grundlage seiner Entscheidungen gemacht und daneben auch die Un-
beachtlichkeit des Widerspruchs mit dem Begriff der protestatio facto
contraria begründet[43]. Die Lehre selbst aber ist springlebendig geblie-

---

[39 b] *Wieacker* (Fn. 38).
[40] BGH 29. 1. 1957, BGHZ 23, S. 175 = NJW 1957, S. 627 = JZ 1957,
S. 273 = BB 1957, S. 279 = Betrieb 1957, S. 258; hierzu kritisch *Flume* (Fn. 38).
[41] BGH 5. 2. 1957, BGHZ 23, S. 249 (261).
[42] *Flume* (Fn. 38), § 8, 5.
[43] BGH 16. 12. 1964, NJW 1965, S. 387; das Abstellen privater Omnibusse
auf einem Platz, dessen Benutzung gebührenpflichtig ist, löst trotz gegen-
teiliger Erklärungen die Zahlungspflicht aus.

ben[44] und wirkt, wie ich bei Gesprächen mit Studenten und Referendaren feststellen konnte, nach wie vor auf alle diejenigen, die das Recht als Erzeugnis sozialer Entwicklungen zu begreifen suchen. So erklärt sich wohl auch die 1966 ergangene Entscheidung des Landgerichts Bremen im vorhin erwähnten Fall der Fahrgeldhinterziehung durch einen Minderjährigen[45]. Schon früher war erkannt worden, daß die Lehre vom sozialtypischen Verhalten geeignet sei, den vom BGB vorgesehenen Schutz der Minderjährigen zu unterlaufen und damit die vom Gesetzgeber gewollte Rangfolge zwischen Schutz der Unmündigen und Verkehrssicherheit umzukehren. Insbesondere hatte Heinrich Lehmann im Streit um den Parkplatzfall darauf hingewiesen, daß bei Anwendung dieser Lehre auf Beförderung durch Massenverkehrsmittel die Minderjährigen an Bedingungen gebunden würden, die sie vielfach *nicht* übersehen könnten, während das BGB sie ansonsten auch vor den Folgen von Geschäften bewahre, die sie *sehr wohl* übersähen[46]. Das Landgericht Bremen hat seinerzeit dies alles nicht zur Kenntnis genommen und den Minderjährigen nicht nur zur Fahrpreiszahlung verurteilt, was ebenso nach Bereicherungsrecht möglich gewesen wäre, sondern auch zur Zahlung einer Vertragsstrafe, die es allerdings salomonisch von 10 DM auf 5 DM ermäßigte. Zur Absicherung tat es den letzten noch ausstehenden Schritt in dieser Entwicklung, indem es unter Hinweis auf die Rechtsprechung des BGH kurzerhand den Vertragsschluß durch sozialtypisches Verhalten bei Massenverkehrsmitteln zum Gewohnheitsrecht erklärte. Die Entscheidung wurde im Schrifttum einhellig abgelehnt[47]. Selbst Karl Larenz erklärte in neueren Auflagen seiner Werke ausdrücklich, daß die Lehre vom sozialtypischen Verhalten den gesetzlichen Schutz der Minderjährigen nicht außer Kraft setzen solle[48]. In der Praxis blieb die Bremer Entscheidung ein Einzelfall. Das Oberlandesgericht Hamm wies etwa um dieselbe Zeit die Klage gegen einen Minderjährigen ab, der ohne Zustimmung seiner verwitweten Mutter ein Kraftfahrzeug gemietet und es verspätet und überdies in beschädigtem Zustand zurückgebracht hatte; weder aus Vertrag noch aus unerlaubter Handlung oder Bereicherung wurde dem Vermieter ein Anspruch zuerkannt[49]. Der Bundesgerichtshof hat be-

---

[44] *Larenz*, Allgemeiner Teil des deutschen Bürgerlichen Rechts, 3. Aufl. München 1975, § 28 II.

[45] LG Bremen 17. 8. 1966, NJW 1966, S. 2260.

[46] *Lehmann* (Fn. 38); *Lehmann / Hübner* (Fn. 29).

[47] *Medicus*, Urteilsanmerkung, NJW 1967, S. 354; *Konow*, Die Verpflichtungen aus sozialtypischem Verhalten und der Minderjährigenschutz bei der Benutzung öffentlicher Verkehrsmittel, Betrieb 1967, S. 1840; *Berg*, MDR 1967, S. 448; *Mezger*, NJW 1967, S. 1740.

[48] *Larenz*, Allgemeiner Teil, 3. Aufl. 1975, S. 463, Fn. 1.

[49] OLG Hamm 28. 1. 1966, NJW 1966, S. 2357 = JMBlNRW 1966, S. 176 = OLGZ 1966, S. 257 = JuS 1967, S. 139, Nr. 5; dazu ausführlich *Pawlowski*,

kanntlich 1971 einen Minderjährigen, der sich eine Flugreise von Hamburg nach New York erschlichen hatte, nach Bereicherungsrecht zur Zahlung des vollen Flugpreises verurteilt, ohne die Lehre vom sozialtypischen Verhalten zu erwähnen[50].

Nach alledem bleibt uns die Frage, was die Lehre vom Vertragsschluß durch sozialtypisches Verhalten nach den bisherigen Erfahrungen bewirken kann. Die Antwort hängt, wie schon vorhin gesagt, vom Ausgangspunkt des Betrachters ab. Will er nur wissen, ob die Lehre etwas leisten kann, was wünschenswert ist und nach bisher anerkannten Regeln des Vertragsrechts nicht zu erreichen war, so wird er bezweifeln müssen, ob sich die Übernahme der Lehre in das Vertragsrecht und die damit verbundene Durchbrechung seiner Grundregeln überhaupt lohnen. Bejaht er aber die Lehre aus der grundsätzlichen Erwägung heraus, daß sie den Bedingungen der Massengesellschaft mit ihrer wirtschaftlich geprägten Machtstruktur besser entspricht, wird er sich der Frage gegenübersehen, wem denn der hiermit verbundene Umbau des Vertragsrechts nützen würde. Wenn man den Vertragsschluß durch sozialtypisches Verhalten einstweilen nur im Bereich der Verträge mit Versorgungsunternehmen sowie mit Beförderungsunternehmen des Massenverkehrs bejaht, wird dadurch nur das jeweilige Versorgungs- oder Beförderungsunternehmen begünstigt. Dehnt man die Anwendung des Gedankens aber aus, so muß er eines Tages auch Banken und Versicherungen zugutekommen. Damit könnte also die Lehre zur Beseitigung von Hindernissen dienen, die in solchen Bereichen etwa noch der Durchsetzung Allgemeiner Geschäftsbedingungen entgegenstehen. Schließlich kann auch nicht ganz unerwähnt bleiben, daß die Lehre vom faktischen Vertrag, die Vorgängerin der Lehre vom sozialtypischen Verhalten, 1941 begründet und offenbar von der damals bestehenden Abneigung gegen die römischrechtliche Vertragsidee mitgetragen wurde[51]. Was sie als Werkzeug in der Hand von Gesetzgebern und Richtern hätte bewirken können, wenn sie sich schon damals durchgesetzt hätte, ist schwer zu sagen. Wer aber heute den Vertragsschluß durch sozialtypisches Verhalten für die zeitgemäße Lösung hält, muß sich darüber klar sein, daß er den Freiheitsraum des Einzelnen einengt. Für die

---

Die Ansprüche des Vermieters eines Kraftfahrzeugs gegen den minderjährigen Mieter, JuS 1967, S. 302.

[50] BGH 7. 1. 1971, BGHZ 55, S. 128.

[51] So schon Punkt 19 des Parteiprogramms der NSDAP von 1920. Dazu *Paul Koschaker*, Europa und das römische Recht, München—Berlin 1947, Abschnitt XVII, S. 311 - 336.

Vgl. auch *Hans Hattenhauer*, Zwischen Hierarchie und Demokratie — Eine Einführung in die geistesgeschichtlichen Grundlagen des geltenden deutschen Rechts, Karlsruhe 1971, Rdz. 574: „Das Dunkle und Warme, das gesunde Volksempfinden, trat an die Stelle des reinen Gedankens, der nun als römischrechtlich, als kalt und unfruchtbar verketzert wurde."

Rechtsunsicherheit, die sich daraus obendrein ergeben könnte, ist das Urteil des BGH im Fall der Hofübergabe ein warnendes Beispiel.

Im ausländischen Recht findet die Lehre vom Vertragsschluß durch sozialtypisches Verhalten kein Gegenstück. Die römischrechtliche Tradition des Vertragsschlusses durch Konsens ist in den Ländern, deren Recht auf dem römischen beruht, weiterhin maßgeblich[52]. Dasselbe gilt, vorbehaltlich der Lehre von der Consideration, für den Bereich des Common Law[53]. Ebensowenig wird sie in den sozialistischen Ländern in Frage gestellt. Dem an unserem Thema Interessierten darf man getrost den Rat geben: „Willst du genau erfahren, was sich ziemt, so frage nur bei Kommunisten an." Für sozialistische Juristen ist der Vertragsschluß offenbar kein Problem der Weltanschauung, sondern lediglich eine Frage der Rechtssicherheit.

So zeichnen sich die Gesetzeswerke der sozialistischen Länder, soweit sie auf das Vertragsrecht eingehen, durch einen dogmatischen Rigorismus aus, der jedem „bourgeoisen" Gesetzgeber Ehre machen würde. Bei näherem Hinsehen zeigt sich denn auch, daß diese Regelungen großenteils mehr oder weniger genaue Wiedergaben der drei mitteleuropäischen Kodifikationen — des österreichischen ABGB, des BGB und des schweizerischen Obligationenrechts — darstellen. Daß ein Vertrag durch Konsens zustandekommt, wird keineswegs mit einem Fragezeichen, sondern mit einem unzweideutigen Punkt versehen[54]. Das gilt sogar für diejenigen Verträge, die der Ausführung volkswirtschaftlicher Pläne dienen sollen. Zwar werden diese Verträge innerhalb der Zivilgesetzbücher in besonderen Abschnitten oder auch in Einzelgesetzen geregelt, aber von sonstigen Verträgen unterscheiden sie sich nur dadurch, daß die sozialistischen Organisationen, zwischen denen sie abgeschlossen werden, *zum Abschluß verpflichtet* sind[55]; äußerstenfalls sind die Gerichte — für Planverträge besteht vielfach eine beson-

[52] Vgl. die ausführliche Wiedergabe des Schrifttums bei *Simitis* (Fn. 28), S. 465, das sich im übrigen auf die Praxis nicht ausgewirkt hat. Zum geltenden Recht vgl. *Ferid* (Fn. 16), Rdz. 1 E 92 ff., 99 ff.

[53] *Cheshire* and *Fifoot* (Fn. 12).

[54] Zivilgesetzbuch der Ungarischen Volksrepublik von 1959, § 207; Gesetz der ČSSR über Rechtsverhältnisse im Internationalen Handel, Nr. 101/1963 (Außenhandelsgesetzbuch), § 106. Vgl. hierzu *Valentin Petev*, Sozialistisches Zivilrecht, Berlin—New York 1975, S. 129 ff., 145 ff.
Jytte Thorbaek, Historien om aftalen i den sovjetiske civilret, Saertryk af „Jura og Kvinder", pp. 224 et seq., København 1975.

[55] *Dietrich A. Loeber*, Der hoheitlich gestaltete Vertrag, Tübingen 1969, S. 62 ff., 101 ff., 166 ff.; ders., *Guido Rossi et al.*, Autonomia contrattuale delle imprese di Stato soggette al piano, in: Problemi giuridici dell'impresa di Stato nei Paesi socialisti, Appiano Gentile (Como) 1969, pp. 46 ss.; *Petev*, S. 141 ff.
Aus der Gesetzgebung: §§ 397 ff. ungarisches ZGB i. d. F. von 1967; Art. 386 polnisches ZGB von 1964.

dere Vertragsgerichtsbarkeit — zur Ersetzung des Vertragsschlusses durch Urteil oder Beschluß ermächtigt[56]. Überdies wird für Planverträge regelmäßig die Schriftform verlangt und damit gleichfalls dem Bedürfnis nach Rechtssicherheit entsprochen[57]. Dasselbe Bedürfnis tritt auch im Arbeitsrecht zutage. Von besonderem Interesse ist hier das jugoslawische Gesetz über Arbeitsverhältnisse von 1966, das entsprechend dem jugoslawischen System der Arbeiterselbstverwaltung (radnička samouprava) die Einstellung und Beschäftigung von Arbeitnehmern behandelt. Das Gesetz regelt ausführlich die Ausschreibung freier Stellen, Bewerbungen und Wettbewerb, die Mitteilung des positiven Ergebnisses an den Bewerber und seine Eingliederung durch Arbeitsaufnahme am vorgesehenen Tag[58]. Dies erinnert eher an den Beitritt zu einer Genossenschaft als an den herkömmlichen Arbeitsvertrag, aber es ergibt sich folgerichtig aus dem System und setzt bei der Arbeitergemeinschaft wie auch beim Bewerber unzweideutige Willensbekundungen voraus.

Will man in den bisher erörterten Entwicklungen ein Leitmotiv entdecken, dann könnte es darin bestehen, daß der Vertragsschluß im Laufe der Jahrhunderte immer mehr vereinfacht worden ist — vom Realvertrag über den Arrhalvertrag bis zum Konsensualvertrag, von der gesiegelten Urkunde bis zum stillschweigenden Abschluß. Damit ist zugleich der Beweis des Vertragsschlusses in der Form immer mehr erleichtert, in der Sache freilich immer mehr erschwert worden. Die Lehre vom sozialtypischen Verhalten ist das vorläufige Ende dieser Entwicklung. Sie würde, einmal als Bestandteil des geltenden Rechts anerkannt, dem Richter die oft mühsame Ermittlung von Willensbekundungen ersparen, ihn aber dafür mit der nachträglichen Feststellung von Vertragsabschlüssen belasten, die von mindestens einer Partei weder gewollt noch im herkömmlichen Sinne als gewollt erklärt sind.

Bei genauer Betrachtung ist allerdings der Unterschied zwischen der Lehre vom sozialtypischen Verhalten und der traditionellen Betrachtungsweise viel weniger grundsätzlich, als es zunächst scheinen mag. Wo immer er nämlich angesichts der bisherigen Praxis zu unterschiedlichen Ergebnissen führen könnte, wird dennoch Übereinstimmung erzielt. Einerseits bejahen die Verfechter der traditionellen Lehre im Bereich der Daseinsvorsorge, des Massenverkehrs und sogar im Parkplatzfall den Vertragsschluß durch schlüssiges Verhalten, selbst wenn

---

[56] §§ 398 Abs. 3, 402 Abs. 3, 403 Abs. 3 ungarisches ZGB; *Petev*, S. 153 ff.

[57] § 399 ungarisches ZGB; § 1 rumänisches Vertragsgesetz von 1949; *Petev*, S. 160.

[58] Grundgesetz über Arbeitsverhältnisse von 1966, Artt. 18 ff.; englischer Text, in: Laws on Employment Relationships, Collection of Yugoslav Laws, vol. XVI, Beograd 1967.

der Betreffende Gegenteiliges sagt (Parkplatzfall) oder tut (Anzapfen einer Versorgungsleitung). Andererseits soll der Schutz der Minderjährigen durch die Lehre vom sozialtypischen Verhalten nicht berührt werden (Schwarzfahrt im Massenverkehrsmittel). Von den praktischen Auswirkungen her gesehen schrumpft der Meinungsstreit zu einem *Streit um Worte* zusammen. Ob man das Einsteigen in eine Straßenbahn — mit oder ohne Schaffner — als sozialtypisches Verhalten oder als schlüssige Willenserklärung bezeichnet, ist letztlich belanglos, solange man bereit ist, aus demselben Vorgang dieselben Folgen abzuleiten.

Nun darf allerdings bei der grundsätzlichen Auseinandersetzung um die Notwendigkeit oder Entbehrlichkeit des Konsens beim Vertragsschluß nicht verkannt werden, wie häufig der Konsens bereits heute unterstellt wird, ohne daß es auf sein wirkliches Vorhandensein ankommt. Dies gilt vor allem für jene Fallkategorien, in denen der Vertrag — wirklich oder angeblich — durch *Stillschweigen* zustandekommt.

In einer modernen Rechtsordnung, die nur noch ausnahmsweise den Vertragsschluß einer Form unterwirft und im übrigen nicht einmal ausdrückliche Erklärungen verlangt, muß zwangsläufig die Würdigung des Stillschweigens einer Partei zu einem Problem sowohl der Fallgerechtigkeit wie auch der Rechtssicherheit werden. Daß aus dem Stillschweigen grundsätzlich *keine* Zustimmung entnommen werden dürfe, wird zwar allgemein angenommen[59], aber nur sehr selten von einem Gesetzgeber ausgesprochen; als weit voneinander entfernte Beispiele neueren Datums nenne ich den Código civil von Perú aus dem Jahre 1936[60] und die jugoslawischen Allgemeinen Usancen für den Warenhandel von 1954 (Opšte Uzanse za Promet Robom), die einstweilen in Jugoslawien die Stelle eines Handelsgesetzbuches einnehmen[61]. Ansonsten, auch und gerade im deutschen Recht, nennt das Gesetz nur die Ausnahmen von diesem Grundsatz. Für die Vielschichtigkeit dieser Ausnahmen gibt schon das deutsche Recht ein Beispiel: sie reichen vom bloßen Verzicht auf den Zugang der Annahmeerklä-

---

[59] Übersicht über römische Belegstellen zur Frage des Stillschweigens bei *Windscheid / Kipp*, Lehrbuch des Pandektenrechts, 8. Aufl. Frankfurt/M. 1900, § 72, S. 289 ff.
Zum geltenden Recht vgl. *Flume* (Fn. 38), § 5, 2 - 5 und 35 II 4. Darstellung ausländischer Rechte bei *Rudolf B. Schlesinger* et al., Formation of Contracts, A Study of the Common Core of Legal Systems, Dobbs Ferry—London 1968, vol. I, pp. 173 et seq. (Zusammenfassung), vol. II, pp. 1073 et seq. (Länderberichte).

[60] *Jorge Eugenio Castañeda*, Código civil, Concordancias y Jurisprudencia de la Corte Suprema al día, 5a edición, Lima 1971.

[61] Deutscher Text mit Einführung von *Aleksandar Goldštajn*, 2. Aufl. Zagreb 1964; englischer Text mit Einführung von *Vladimir Kapor*, in: The General Usages of Trade, Collection of Yugoslav Laws, vol. IX, Beograd 1964.

rung (§ 151 BGB) über den Schadensersatz für schuldhaftes Unterbleiben einer Ablehnung (§ 663 BGB) bis hin zur Unterstellung eines Vertragsschlusses durch untätiges Stillschweigen (§ 362 HGB)[62]. Diese Ausnahmen lassen sich durch praktische Bedürfnisse rechtfertigen und sind zumeist auch ausländischen Rechtsordnungen bekannt[63]. Dennoch sind die Unterschiede in den Einzelheiten so erheblich, daß etwa das Einheitliche Gesetz über den Abschluß von Verträgen, das 1964 unter Mitwirkung der Bundesrepublik in Den Haag beschlossen wurde, zur Frage des Stillschweigens lediglich eine sehr beschränkte Aussage enthält, wonach niemand einem anderen einen Vertragsabschluß durch die Erklärung aufzwingen kann, er werde sein Stillschweigen als Zustimmung verstehen (Art. 2 Abs. 2)[64]. Dies bezieht sich offensichtlich auf unbestellte Zusendungen, aber selbst dieser Grundsatz wird im deutschen Recht wie auch anderwärts (so ausdrücklich die jugoslawischen Usancen, Nr. 35 Abs. 2) für den Fall ständiger Geschäftsverbindung zwischen Absender und Empfänger durchbrochen[65].

Mag dieses noch vom Standpunkt der internen Rechtsanwendung erträglich sein, so stellt sich das eigentliche Problem des Stillschweigens — und, wie ich glaube, das *eigentliche* Problem des Konsens beim Vertragsschluß — gar nicht so sehr bei der Einigung über Leistung und Gegenleistung als vielmehr bei der Einführung von *Nebenabreden,* insbesondere von Geschäftsbedingungen. Schon unser südafrikanischer Ausgangsfall betraf den Konsens über eine Freizeichnungsklausel und mag insofern als Beweis für die weltumgreifende Bedeutung dieses Problems dienen. Über das Problem der Geschäftsbedingungen ist seit der bahnbrechenden Arbeit von Ludwig Raiser[66] eine ganze Literatur entstanden, die auch das ausländische Recht berücksichtigt; zu nennen sind hier vor allem Joachim Schmidt-Salzer, Eike von Hippel und Gottfried Raiser[67]. Für die Zwecke unseres Themas seien in aller Kürze

---

[62] *Fritz Fabricius,* Stillschweigen als Willenserklärung, JuS 1966, S. 1 ff., 50 ff.

[63] *Schlesinger* et al., Formation of Contracts (Fn. 59).

[64] Gesetz über den Abschluß von internationalen Kaufverträgen über bewegliche Sachen, Haager Abkommen vom 1. Juli 1964, von der Bundesrepublik Deutschland übernommen durch Bundesgesetz vom 17. Juli 1973, in Kraft seit dem 16. April 1974, BGBl. 1973, I 868 - 869; englische und französische Texte des Abkommens BGBl. 1973, II 925 ff. Zur praktischen Anwendung vgl. *Schlechtriem,* BB 1974, S. 1309 (1310 - 1311).

[65] Vgl. Länderberichte bei *Schlesinger* (Fn. 59).

[66] *Ludwig Raiser,* Das Recht der Allgemeinen Geschäftsbedingungen, Bad Homburg v. d. H. 1961, unveränderter Neudruck der Erstauflage von 1935.

[67] *Joachim Schmidt-Salzer,* Das Recht der Allgemeinen Geschäfts- und Versicherungsbedingungen, Berlin 1967; *ders.,* Allgemeine Geschäftsbedingungen, München 1971; *Eike von Hippel,* The Control of Exemption Clauses — A Comparative Study, 16 International and Comparative Law Quarterly (1967), pp. 591 et seq.; *Gottfried Raiser,* Die gerichtliche Kontrolle von Formularbedingungen im amerikanischen und deutschen Recht, Karlsruhe 1966.

die wichtigsten Ergebnisse der deutschen Rechtsprechung und Lehre zusammengefaßt:

1. Geschäftsbedingungen sind eine Vertragsordnung, keine Rechtsordnung; sie müssen also in den jeweiligen Vertrag eingeführt werden[68].

2. Der Adressat solcher Geschäftsbedingungen muß sich ihnen unterworfen haben, damit sie für ihn verbindlich werden. Geht ihm ein Vertragsantrag zu, der einen Hinweis auf beigefügte oder auch nicht beigefügte Geschäftsbedingungen des Antragenden enthält, so unterwirft er sich diesen, wenn er den Antrag ohne Widerspruch annimmt[69]. In einzelnen Geschäftsbereichen — so im Bank-, Speditions- und Versicherungswesen — muß der Kunde mit Geschäftsbedingungen rechnen und ist daher auch ohne Hinweis oder sonstige Kenntnis als gebunden anzusehen, wenn er nicht widerspricht[70]. Den Geschäftsbedingungen öffentlicher Verkehrsbetriebe unterwirft sich der Fahrgast durch Lösen der Fahrkarte oder spätestens durch Eintritt in das Verkehrsmittel[71]. Der Androhung von Vertragsstrafen für Ladendiebstahl unterwirft sich der Kunde, wenn er Gelegenheit gehabt hat, entsprechende Hinweise zur Kenntnis zu nehmen[72]. Die Schutzvorschriften zugunsten Minderjähriger werden dadurch nicht berührt; Minderjährige können — entgegen dem vorhin erwähnten, aber vereinzelt gebliebenen Urteil des Landgerichts Bremen — bei Eingreifen dieser Schutzvorschriften nur außervertraglich haften[73].

3. Weichen die Erklärungen einer Partei hinsichtlich der Geschäftsbedingungen voneinander ab, so ist zwischen Auftragsbestätigung und Bestätigungsschreiben zu unterscheiden.

a) Die Auftragsbestätigung enthält, soweit darin den Geschäftsbedingungen des Antragenden widersprochen oder auf abweichende

---

[68] *Palandt / Heinrichs*, Einführung zu § 145 A. 6 A und dort angegebenes Schrifttum.

[69] BGH 24. 9. 1952, BGHZ 7, S. 187 (190); weitere Belege bei *Palandt / Heinrichs*, Einf. § 145 A. 6 B. Kritisch zum Begriff der Unterwerfung *Flume* (Fn. 38), § 37, 1.

[70] BGH 8. 3. 1955, BGHZ 17, S. 1 = NJW 1955, S. 1145 (1148) = MDR 1955, S. 670: Hiernach gelten die Allgemeinen Deutschen Spediteurbedingungen als vereinbart, auch wenn der Kunde von ihnen keine Kenntnis hatte; das in § 50 (a) ADSp vorgesehene Pfandrecht des Spediteurs ergreift allerdings, soweit die betreffenden Forderungen des Spediteurs nicht mit der Spedition des Gutes zusammenhängen, lediglich das im Eigentum des Kunden stehende Gut.

[71] *Konow* (Fn. 47), S. 1841 - 1843 zu § 15 EVO; *Flume* (Fn. 38), § 8, 2 (S. 97 bis 101).

[72] AG Schönberg 17. 4. 1974, NJW 1974, S. 1823; vgl. auch *Claus Wilhelm Canaris*, Zivilrechtliche Probleme des Warenhausdiebstahls, NJW 1974, S. 512 ff. (525 - 528).

[73] *Larenz*, Allgemeiner Teil, 3. Aufl. 1975, § 28 II, S. 463; *Medicus*, Urteilsanmerkung, NJW 1967, S. 354; *Konow* (Fn. 47), S. 1841; *Berg* (Fn. 47), S. 449; *Mezger* (Fn. 47), S. 1741; *Canaris* (Fn. 72), S. 528.

Geschäftsbedingungen des Empfängers hingewiesen wird, ein neues Angebot (§ 150 Abs. 2 BGB); hier ist also der Vertrag nicht zustandegekommen, es besteht insoweit ein offener oder versteckter Dissens (§§ 154, 155 BGB)[74]. Führt eine Partei oder führen beide Parteien den Vertrag dennoch aus, so gelten nach der Rechtsprechung diejenigen Geschäftsbedingungen, auf die zuletzt in unzweideutiger Weise Bezug genommen wurde[75]. Nach einem begrüßenswerten Vorschlag von Stahl und Schmidt-Salzer kommt dagegen der Vertrag mit der Maßgabe zustande, daß weder die Geschäftsbedingungen des einen noch diejenigen des anderen Vertragsteils, sondern die gesetzlichen Vorschriften gelten[76]. Dieser Vorschlag unterscheidet damit, wie es schon im römischen und gemeinen Recht geschah, zwischen Haupt- und Nebenpunkten eines Vertrages und läßt die „essentialia" als vereinbart gelten, obwohl über die „accidentalia" ein Dissens besteht[77].

b) Wird dagegen nach einer formlosen Vereinbarung von einer Partei der Inhalt unter Hinzufügung allgemeiner Geschäftsbedingungen schriftlich bestätigt, so kommt der Vertrag gemäß dem Inhalt des Bestätigungsschreibens zustande, sofern der andere Teil nicht widerspricht. Ausnahmen hiervon sollen nur bei Überrumpelungsversuchen gelten. Diese Rechtsfolge des Schweigens beruht angeblich auf kaufmännischer Übung und ist jedenfalls heute aufgrund ständiger Rechtsprechung als Gewohnheitsrecht anzusehen[78].

4. Diese Grundsätze gelten auch im Auslandsverkehr, sofern nach den durch Rechtsprechung gebildeten Kollisionsnormen des internationalen Vertragsrechts deutsches Recht anzuwenden ist. So wurde entschieden, daß ein italienischer Vertragspartner, der in einer italienisch abgefaßten Erklärung die nur in deutscher Sprache vorliegenden Ge-

---

[74] BGH 29. 9. 1955, BGHZ 18, S. 212 = NJW 1955, S. 1794 = BB 1955, S. 1008 L = Betrieb 1955, S. 1084 = JZ 1956, S. 175 mit zust. Anm. von *Lehmann* = MDR 1956, S. 214; mit Anm. *Pohle* = LM § 150, BGB Nr. 4.

[75] BGH 17. 9. 1954, Betrieb 1954, S. 882 = LM § 150 BGB Nr. 3; BGH 14. 3. 1963, NJW 1963, S. 1248.

[76] *Hans Stahl*, Widerspruch zwischen Lieferungs- und Einkaufsbedingungen, Betrieb 1956, S. 681; *Joachim Schmidt-Salzer*, Auftragsbestätigung, Bestätigungsschreiben und kollidierende Allgemeine Geschäftsbedingungen, BB 1971, S. 591 (596). In diesem Sinne BGH 26. 9. 1973, BGHZ 61, S. 282 = BB 1973, S. 1456 und BGH 10. 6. 1974, BB 1974, S. 1136 = WM 1974, S. 842; dazu *Peter Schlechtriem*, Die Kollision von Standardbedingungen nach BGB und Einheitliches Kaufabschlußgesetz, BB 1974, S. 1309.

[77] Vgl. D. 18. 1. 34 pr. (Paulus): Mit einem Grundstück wird der Sklave Stichus verkauft; da mehrere Sklaven dieses Namens vorhanden sind und die Parteien nicht denselben meinten, kommt insoweit kein Vertrag zustande, aber der Grundstückskauf bleibt hiervon unberührt. Weiteres bei *Sven Erik Wunner*, Contractus — Sein Wortgebrauch und Willensgehalt im klassischen römischen Recht, Köln—Graz 1964, § 26, S. 212 ff.

[78] *Hermann Krause*, Schweigen im Rechtsverkehr, Marburg 1933, §§ 1 und 4; *Raiser* (Fn. 66), § 17 II 6, S. 192 ff. BGH 24. 9. 1952, BGHZ 7, S. 187.

schäftsbedingungen des deutschen Vertragsteils unterschriftlich anerkannt hatte, an diese gebunden sei[79]; die Entscheidung kann man
billigen, denn die unterschriftliche Anerkennung hätte auch den Anforderungen des italienischen Rechts genügt[80]. Weiter wurde entschieden,
daß niederländische Geschäftspartner deutscher Banken und britische
Kunden deutscher Spediteure sich durch die Erteilung von Aufträgen
den Allgemeinen Geschäftsbedingungen der Banken bzw. den Allgemeinen Deutschen Spediteurbedingungen unterwerfen, selbst wenn sie
diese nicht kennen und auch nicht darauf hingewiesen worden sind[81].
Diese Entscheidungen sind schon weit weniger überzeugend — Joachim
Schmidt-Salzer hat die Bankentscheidung heftig kritisiert[82] —, aber
immerhin hatten sich die Gerichte mit dem Hinweis abgesichert, daß
am Wohn- oder Geschäftssitz des ausländischen Vertragsteils ver-
gleichbare Regelungen bestünden[83]. Es war unter diesen Umständen
nur folgerichtig, wenn der Bundesgerichtshof in einem Fall, der die
stillschweigende Annahme eines Bestätigungsschreibens mit Gerichts-
standsklausel durch einen französischen Empfänger betraf, das Urteil
der Vorinstanz aufhob, weil diese ohne nähere Prüfung das Stillschweigen des französischen Vertragsteils nach deutschem Recht beurteilt und
demgemäß als Annahme angesehen hatte[84]. Die unrichtige Anwendung französischen Rechts hätte der BGH nicht beanstanden können;
hier lag jedoch der Fehler schon in der kollisionsrechtlichen Vorent-
scheidung. Es ist zwar richtig, daß Nichtigkeits- und Aufhebungsgründe
im Internationalen Privatrecht derjenigen Rechtsordnung unterworfen
werden, die im Falle der Wirksamkeit des Vertrages gegolten hätte[85].
Für die Beurteilung des Stillschweigens kann dies jedoch nicht gelten,
weil andernfalls dem Schweigenden die Normen einer fremden Rechts-

---

[79] OLG München (Augsburg) 4. 4. 1974, NJW 1974, S. 2184; die unterschrie-
bene Klausel lautete: „La Ditta F. R. conferma sottoscrivendo di aver impar-
tito l'ordinazione a tutte le suddette condizioni."

[80] *Angelo Pesce*, Allgemeine Geschäftsbedingungen, lästige Klauseln und
Vertragsgestaltung im deutsch-italienischen Handelsverkehr, NJW 1971,
S. 2111.

[81] BGH 18. 6. 1971, NJW 1971, S. 2126; mit ablehnender Anmerkung von
Schmidt-Salzer, S. 2126 und zustimmender Anmerkung von *Klemens Pleyer*
und *Dieter Ungnad*, NJW 1972, S. 681 (Banken); OLG München 9. 5. 1973,
NJW 1973, S. 1560 (Spediteure).

[82] Vgl. Fn. 81.

[83] BGH (Fn. 81), S. 2127; OLG München (Fn. 81), S. 1561.

[84] BGH 22. 9. 1971, BGHZ 57, S. 72 = WM 1971, S. 1332 = NJW 1972, S. 391
mit Anmerkungen von *Geimer*, S. 391 und *Schmidt-Salzer*, S. 392; vgl. hierzu
Bernd von Hoffmann, Vertragsannahme durch Schweigen im internationalen
Schuldrecht, 36 Rabels Zeitschrift (1972), S. 510.

[85] *Kegel* (Fn. 18), § 18 I 2, S. 261.
Ebenso Art. 8 des Entwurfs der Europäischen Kommission für eine Über-
einkunft betreffend das auf vertragliche und außervertragliche Schuldver-
hältnisse anwendbare Recht, dazu *Kurt Siehr*, AWD BB 1973, S. 569 (576)
und *Ole Lando*, 38 Rabels Zeitschrift (1974), S. 39 - 42.

ordnung aufgezwungen werden könnten. Hier wäre eine materiellrechtliche Vereinheitlichung geboten, die aber schon innerhalb der kontinentaleuropäischen Rechtsordnungen auf Schwierigkeiten stößt. Auf der einen Seite stehen hier nämlich das deutsche Recht, das in Praxis und Lehre den Versender des Bestätigungsschreibens begünstigt, und ebenso die dänische wie die norwegische Rechtsprechung, die sogar im Falle der abweichenden Auftragsbestätigung unter Kaufleuten einen Widerspruch des Antragenden verlangt, wobei sie den Wortlaut des nordischen Vertragsgesetzes, der insoweit mit § 150 Abs. 2 BGB übereinstimmt, einfach mißachtet[86]. Auf der anderen Seite finden wir das französische und italienische Recht, die eine Anerkennung von Geschäftsbedingungen durch Stillschweigen nicht zulassen; der italienische Codice civile von 1940/42 (art. 1341) verlangt sogar schriftliche Anerkennung[87]. Diese materiellrechtlichen Normen können nur insoweit unterlaufen werden, als der Abschlußort, dessen Recht nach den Kollisionsnormen beider Länder maßgeblich ist, in einem Lande liegt, dessen Recht das Stillschweigen des Empfängers als Annahme versteht[88]. Kommt also der Abschluß in der Bundesrepublik zustande, so gilt jedenfalls aus französischer und italienischer Sicht das deutsche Recht. Im übrigen scheinen die beiderseitigen Standpunkte unvereinbar; ein Nachgeben auf internationaler Ebene ist schon angesichts der jeweils beteiligten pressure groups nicht in Sicht.

In der Bundesrepublik sind bekanntlich zur Zeit Bestrebungen erkennbar, das Recht der Allgemeinen Geschäftsbedingungen durch Gesetz festzulegen und dabei verschiedenen Auswüchsen ein Ende zu machen[89]. An internationalen Vorlagen ist kein Mangel. Jedoch beziehen

---

[86] Norwegisches Höchstes Gericht (Hoyesterett), Norsk Rettstidende 1938, 259; dänisches Höchstes Gericht (Hójesteret), Ugeskrift for Retsvaesen 1956, 692; Hinweis auf beide Urteile bei *Wolfram Kausche*, Geschäftsbedingungen im skandinavischen Recht, Dissertation Kiel 1971, S. 85.

[87] Näheres bei *Ferid* (Fn. 16), Rdz. 1 E 100, von *Hoffmann* (Fn. 84) und *Pesce* (Fn. 80). Die französische Rechtsprechung entnimmt dem Stillschweigen des Empfängers nur ausnahmsweise eine Annahme; vgl. den Kernsatz in Cass. civ. 25/5/1870, D. P. 1870. 1. 257:
„Le silence de celui qu'on prétend obligé ne peut suffire, en l'absence de toute autre circonstance, pour faire preuve contre lui de l'obligation alléguée." Ein solcher Fall des „silence circonstancié" kann etwa, wie hier entschieden wurde, bei der Geschäftsverbindung zwischen Banken und Kunden vorliegen.

[88] *Schmidt-Salzer* (Fn. 84), S. 392; *Pesce* (Fn. 80), S. 2112 unter Hinweis auf art. 25 disposizioni preliminari del Codice civile.

[89] Gesetzentwurf der Bundesregierung zur Regelung des Rechts der Allgemeinen Geschäftsbedingungen (AGB-Gesetz). Bundesratsdrucksache 360/75, mit Vorschriften über Einbeziehung in den Vertrag (§ 2), überraschende Klauseln (§ 3) und Rechtsfolgen der Nichteinbeziehung oder Unwirksamkeit einzelner Klauseln (§ 5). Aus dem Schrifttum: *Max Dietlein*, Neue Rechtsmaßstäbe für Allgemeine Geschäftsbedingungen?, NJW 1974, S. 969; *ders.*, Neues Kontrollverfahren für Allgemeine Geschäftsbedingungen?, NJW

sich diese zumeist auf den Inhalt der AGB. Zur Übernahme des in
Israel entwickelten Systems einer *behördlichen Genehmigung* von
AGB[90] haben sich das Bundesjustizministerium und der mit ihm zu-
sammenarbeitende Sachverständigenausschuß mit guten Gründen nicht
entschließen können[91], ebensowenig die Arbeitsgruppe der CDU/CSU,
die einen eigenen Gesetzentwurf vorgelegt hat[92]. Bisher wird vor allem
eine deutlichere *Hervorhebung* der AGB verlangt, als die Gerichte
bisher für notwendig hielten[93]. Der 50. Deutsche Juristentag von 1974
hat in einem seiner Beschlüsse zu diesem Themenbereich lediglich
gefordert, daß die AGB dem Kunden mühelos zugänglich sein müssen,
um Vertragsinhalt werden zu können[94]. Der Schwerpunkt dieser Bemühungen scheint bisher, ebenso wie die neuere Gesetzgebung in
Schweden und Dänemark, im Bereich des *Verbraucherschutzes* zu
liegen[95].

An eine Änderung der in Rechtsprechung und Lehre entwickelten
Regeln zum Bestätigungsschreiben scheint nicht gedacht zu sein. Ich
halte jedoch gerade diese — und ebenso die noch weitergehende nordi-

---

1974, S. 1065; *Hein Kötz*, Welche gesetzgeberischen Maßnahmen empfehlen
sich zum Schutz des Endverbrauchers gegenüber Allgemeinen Geschäftsbedingungen und Formularverträgen?, Gutachten A zum 50. Deutschen
Juristentag, München 1974; dazu *Walter Löwe*, BB 1974, S. 1033 ff. Zu den
verfahrensrechtlichen Problemen: *Harald Bürck*, Reform der Allgemeinen
Geschäftsbedingungen — Rechtskraft als Verfahrenshindernis für einen
wirksamen gerichtlichen Verbraucherschutz?, Der Betrieb 1975, S. 1829 ff.

[90] Israel Standard Contracts Law 5724 - 1964, Laws of the State of Israel,
vol. 18, p. 51; dazu *Uri Yadin*, Legislative Control of Standard Contracts, in:
Richterliche Kontrolle von Allgemeinen Geschäftsbedingungen, Schriften-
reihe der Gesellschaft für Rechtsvergleichung, Nr. 41, Tübingen 1968, S. 143 ff.
(152 ff).

[91] *Eike von Hippel*, Präventive Verwaltungskontrolle Allgemeiner Ge-
schäftsbedingungen?, ZRP 1972, S. 110; *Dietlein*, Kontrollverfahren (Fn. 89),
S. 1066 (Nr. 4); skeptisch auch *Kötz* (Fn. 89), S. 94 - 99, und *Peter Schlosser*,
Verfahrenskontrolle unangemessener Allgemeiner Geschäftsbedingungen,
ZRP 1975, S. 148 ff.; *Löwe* (Fn. 89), S. 1037.

[92] Entwurf eines Gesetzes über Allgemeine Geschäftsbedingungen (GAGB),
BB Beilage 9/1974, §§ 2 - 4.

[93] *Dietlein*, Rechtsmaßstäbe, NJW 1974, S. 971 - 972 (Nr. 6); skeptisch hierzu
Kötz (Fn. 89), A 47 - 48, 60 - 61.

[94] Beschlüsse in Verhandlungen des 50. Deutschen Juristentages, Bd. 2,
München 1974, H 231 f.

[95] Schweden: Marknadsföringslag von 1970; Avtalsvillkorslag von 1971;
Konsumentköplag von 1973.
Dazu *Stig Strömholm*, „Public" Rule-Making, and „Private": The Swedish
Experience, Scandinavian Studies in Law 1971, pp. 221 et seq.
Hauke Lange-Fuchs, Stärkung des Konsumenten im schwedischen Wirt-
schaftsleben, NJW 1971, S. 1494; *Ulf Bernitz*, Svensk och internationell
marknadsrätt, 2. uppl., Stockholm 1973, Kapitel 7 - 8, S. 124 ff., 161 ff,; *ders.*,
Consumer Protection and Standard Contracts, Studia Juridica Stockholmen-
sia, no. 44, Stockholm 1973.
Dänemark: Lov nr. 297 af 14. 6. 1974 om markedsføring, laut § 20 in Kraft
seit dem 1. Mai 1975.

sche Rechtsprechung über die Folgen des unterbliebenen Widerspruchs — für bedauerliche Verirrungen. Hier wie dort haben die Gerichte offenbar geglaubt, einer angeblichen kaufmännischen Übung folgen zu müssen, die regelmäßig den Zweck hat, dem anderen Teil einen bisher nicht vereinbarten Vertragsinhalt aufzunötigen. Im Lichte neuerer Erkenntnisse der Rechtstatsachenforschung und Rechtssoziologie hätten die Gerichte es als ihre Aufgabe sehen sollen, kaufmännische Bräuche nicht schlechthin gemäß § 346 HGB hinzunehmen, sondern sie auch zu werten und dadurch gegebenenfalls als Mißbräuche zu entlarven[96]. Wie schon erwähnt, sind wenigstens der internationalen Ausweitung dieses Mißbrauchs Grenzen gesetzt. Innerhalb des deutschen Rechtsbereichs geht jedoch, wie ich meine, von der Anerkennung des Bestätigungsschreibens in Praxis und Lehre für den Konsens als Mittel des Vertragsschlusses und damit für die Rechtssicherheit eine weit größere Bedrohung aus, als die Lehre vom sozialtypischen Verhalten und ihre praktische Anwendung nach dem gegenwärtigen Stand der Dinge darstellen können. Daß in den bisher entschiedenen Fällen auch die Gerechtigkeit nicht gerade Triumphe feiert, möchte ich als meine höchstpersönliche Überzeugung hinzufügen. Es ist schon fast eine psychologische Frage, was eigentlich das aggressive Verhalten im Wirtschaftsgeschehen als so schützenswert erscheinen läßt.

Mit diesem letzten Fragezeichen erreiche ich das Ende meiner Ausführungen, die schon mit einem Fragezeichen begonnen hatten. Ich kann nicht hoffen, damit neue Erkenntnisse gebracht zu haben. Vielmehr ging es, wie eingangs bemerkt, nur um eine Betrachtung aus meinem sehr persönlichen Blickwinkel. Das letzte Wort zum Thema „Vertragsschluß durch Konsens" hat ein Aphorismenschmied aus München-Schwabing namens Hans Krailsheimer, der einmal folgendes von sich gab: „Es ist erstaunlich, wie wenig die Menschen einander verstehen. Aber noch viel erstaunlicher ist, wie wenig es darauf ankommt."

---

[96] *Klaus F. Röhl*, Das Dilemma der Rechtstatsachenforschung, Tübingen 1974, §§ 28 ff., S. 155 ff.

Bericht über die Diskussion
zu den Referaten von Theo Mayer-Maly
und Eugen Dietrich Graue

(S. E. Wunner, Kiel:) Wesentlich sei die Beziehung von Konsens, Freiheitstheorie, Staatsverfassung und Vertragstheorie, die im Naturrecht zur Legitimation der Unterwerfung unter die Staatsgewalt gedient hätten. Das führe zurück auf die Frage der Zurechnung. Bereits Gaius habe bei der Frage nach den Gründen zivilistischen Haftbarwerdens eine Zweiteilung vorgenommen: auf der einen Seite das Delikt, das wider Willen eine Rechtsfolge herbeiführe, und auf der anderen Seite den nichtdeliktischen, kontraktlichen Bereich, in dem der Platz des Konsenses sei, wenn Konsens auch nicht allein ausreiche. Im Naturrecht komme dann die Frage der Freiheit, die Freiheitstheorie hinzu. Sie führe, wie bei Christian Wolff, zu einer prägnanten Definition des Konsenses, eines Konsenses mit eindeutig voluntaristischer Prägung. Damit sei die Antwort auf die Frage gegeben, wann und unter welchen Voraussetzungen ein freier Mensch haftbar werde. Sie laute, ganz im Sinne der gaianischen Dichotomie, wenn er zugestimmt habe, wenn seine Herrschaft für die Rechtsfolge da sei. Dies sei eine der Grundmaximen des Privatrechts.

(W. Thiele, Kiel:) Neben dem Konsens als Einverständnis in den Begründungsakt stehe der Konsens über den Inhalt des Vertrages. Bei der Inhaltsgestaltung sei im geltenden Recht, wie Bydlinski deutlich gemacht habe, eine weithin feststellbare Wirkung objektiver Gestaltungskräfte vorhanden.

Der Konsensbegriff im deutschen Recht sei schillernd; der Idee nach sei er Willenskonsens, was sich immer dann zeige, wenn die Parteien trotz denkbarer anderweitiger Auslegungsmöglichkeiten subjektiv psychologisch gesehen einig seien (falsa demonstratio non nocet).

Was aber in die rechtstechnische Regelung des Vertragsschlusses des BGB eingegangen sei, sei im wesentlichen nur die Fixierung von Störungslösungen. Das zeige sich insbesondere bei der Willenserklärung, bei der sich die Frage stelle, ob der Wille oder die Erklärung oder das Geregelte, weil es durch die Erklärung gewollt sei, gelten solle. Heute sage man, daß an sich der Wille gelte, daß der Wille aber ausgedrückt werden müsse, daß zu dem voluntaristischen Moment also ein Kommunikationselement hinzutreten müsse und daß der Partei, die sich irre, das zugerechnet werde, was sie objektiv erklärt habe. Das sei mit dem Prinzip der Privatautonomie und der Selbstbestimmung vereinbar; denn, wie Flume sage, mit der Selbstbestimmung sei die Selbstverantwortung untrennbar verbunden. Hier habe man keinen psychologischen, sondern einen normativen Konsensbegriff.

(S. E. Wunner, Kiel:) Beim Konsens sei ursprünglich der Wille wesentlicher Gehalt gewesen. Heute werde er, wenn man an die Äußerung anknüpfe, in seiner normativen Relevanz erfaßt.

Die Lehre von der Willenserklärung in ihrem Fortgang von Christian Wolff zu Lauterbach sei eigentlich als Lehre vom sozialtypischen Verhalten zu begreifen, bei der die Erklärung das sozialtypische Verhalten sei, an das die Rechtsfolge anknüpfe.

(E. Graue, Kiel:) Die Probleme des sozialtypischen Verhaltens, die etwa im Parkplatzfall deutlich würden, seien auf dem Boden der herkömmlichen Lehre mit Hilfe der protestatio facto contraria lösbar, wenn man zusätzlich ein Instrumentarium für die Abschlußkontrolle bei AGB schaffe, wie es zum Teil bereits im Abzahlungsgesetz realisiert sei.

(H.-L. Schreiber, Göttingen:) Es liege aber ein Wille, an den man anknüpfen könne, nicht vor. Gegeben sei nur ein äußerer Tatbestand, ein Verhalten, das einen Typus erfülle, woran die Zurechnung anknüpfe. Die Erfüllung sei vielleicht erfahrungsgemäß meist mit einer Willensäußerung verbunden, nicht aber stets vom Willen bestimmt oder getragen.

(Th. Mayer-Maly, Salzburg:) Mit der Figur der protestatio facto contraria könne nicht klargestellt werden, ob Konsens vorliege oder nicht, sondern nur, ob eine Willenserklärung vorliege. Bei der Gesamtwürdigung des Verhaltens einer Seite, das sich bei der protestatio facto contraria zusammensetze aus dem äußeren Verhalten und der gegenläufigen mündlichen Erklärung, komme es allein auf das an, was erklärt wurde. Ähnlich wie beim Scheingeschäft werde der Wille bei der protestatio facto contraria nicht der geäußerten Erklärung, sondern dem Verhalten, in dem sich die Interessen manifestieren, entnommen. Hier stecke unbestreitbar ein Stück Wertung, Zurechnung.

(P. Ulmer, Hamburg:) Beim Konflikt zwischen Abschlußkontrolle und Inhaltskontrolle bei AGB stelle sich die Frage, ob man dann, wenn man zu hohe Anforderungen an die Einbeziehung von AGB oder überhaupt an den Vertragsschluß stelle, dem Schutz des wirtschaftlich Schwachen wirklich gerecht werde.

9*

Die praktischen Folgen verstärkter Akzentuierung der Einbeziehungsvoraussetzungen von AGB oder verstärkter Abschlußkontrolle bei Verträgen führe in den Fällen, in denen das Formerfordernis nicht dem Übereilungsschutz diene, sondern wo es darum gehe, den Kunden auf Gefahren beim Abschluß von Geschäften hinzuweisen, die er täglich abschließen müsse, nicht weiter. Hier könne nur eine verstärkte Inhaltskontrolle helfen.

Verlagere man aber den Akzent von der Abschluß- bzw. Einbeziehungskontrolle auf die Inhaltskontrolle, stelle sich für den Vertragsschluß das Problem des sozialtypischen Verhaltens. Es sei sicher richtig, daß es eine Verwilderung aus der Sicht des klassischen BGB sei, wenn man den Vertragsschluß nicht auf Konsens, sondern auf sozialtypisches Verhalten gründe. Die Schöpfer des BGB hätten an den hier relevanten Bereich nicht gedacht; in diesem Bereich seien andere als fiktive Lösungen aus der Rechtsgeschäftslehre nicht zu gewinnen. Möge man auch durch die Anwendung des Bereicherungsrechts oder der protestatio facto contraria zu gleichen Ergebnissen kommen wie die Lehre vom sozialtypischen Verhalten, so liege es doch näher, den modernen Formen sozialen Verhaltens durch entsprechend moderne rechtliche Konstruktionen Rechnung zu tragen.

Das Abstellen auf den Konsens trage dort, wo es um Probleme des wirtschaftlichen Machtgefälles gehe, nicht zum Schutz des wirtschaftlich Schwachen bei. Hierzu seien andere Institute notwendig, und die Inhaltskontrolle bei AGB sei ein Anfang.

(P. Ulmer, Hamburg; S. E. Wunner, Kiel:) Erkläre man den Konsens beim Abschluß von Massengeschäften für irrelevant und plädiere statt dessen für eine verstärkte Inhaltskontrolle, werde sich auf Dauer in verstärktem Umfange die Tendenz zur Ausbildung fester Vertragstypen für besondere Massengeschäfte zeigen, wie sie etwa bei den Reiseveranstaltungsverträgen bereits deutlich wurden.

(P. Selmer, Hamburg:) Bei der Entscheidung der rechtlichen Zweifelsfragen im Bereich des Massenverkehrs könne auch das öffentliche Recht keine Hilfestellung geben. Hier sehe sich das öffentliche Recht eher umgekehrt auf die Hilfe des Zivilrechts angewiesen, wenngleich Versuche nicht ausgeblieben seien, spezifisch öffentlich-rechtliche Konstruktionen zu entwickeln.

(W. Rüfner, Kiel:) Das öffentliche Recht könne keine geeigneten Rechtsformen anbieten; denn ein Verwaltungsakt bei der Benutzung eines Parkplatzes sei im Grunde ein Unding, wenn er nicht gar für den Bereich der Daseinsvorsorge gänzlich ungeeignet sei.

Darüber hinaus sei auch die durchaus herrschende Meinung nicht geneigt, in diesem Bereich den öffentlich-rechtlichen Vertrag anzu-

wenden, da sie noch an einem Bild des öffentlich-rechtlichen Vertrages
hänge, das seit etwa 50 Jahren vergangen sei. Eines Vertrages nämlich, der nicht nur durch den Konsens der Parteien zustande komme,
sondern der auch inhaltlich in allen Einzelheiten auf dem Willen der
Parteien beruhen müsse, also nicht vorformuliert sein dürfe. Allein
deshalb sei für den öffentlich-rechtlichen Vertrag im Bereich der
Daseinsvorsorge kein Raum.

Bericht über die Schlußdiskussion

(U. Scheuner, Bonn:) Es bestehe kein einheitlicher Konsensbegriff. So bedeute für das Zivilrecht Konsens: Vertrag und damit rechtlich faßbare Willenseinigung. Im Verfassungsrecht sei der Grundkonsens zunächst eine soziologische Kategorie, eine Form der Legitimation, die u. U. im institutionellen Verfahren hervortrete. So sei etwa die Höhe der Wahlbeteiligung als stiller Konsens mit den Grundlagen der Verfassung deutbar. Der durch Verfahrensform herbeigeführte Konsens, die Mehrheitsentscheidung oder Entscheidung der qualifizierten Mehrheit, sei jedenfalls rechtlich faßbare Konsensbildung. Dahinter sei als weitere Sphäre auszumachen, daß in gewissen geschichtlichen Zeiten auch im Verfassungsrecht der Grundkonsens als echter Vertrag, als Sozialvertrag, gesehen wurde. Je mehr man allerdings das Schwergewicht des öffentlichen Rechts auf die Seite von Hobbes verlagere, je mehr man von Souveränität rede, desto mehr würden die vertraglichen Momente in den Hintergrund treten.

Das Strafrecht sei bei der Konsensfrage am schwersten einzuordnen. Es könne eigentlich nur von Generalkonsens über die Gerichtsbarkeit insgesamt ausgehen. Das aber sei ein rechtlich nicht mehr scharf zu fixierendes und nicht justiziables, sondern soziales Problem.

(E. Graue, Kiel:) Es könne eine Relation zwischen der jeweiligen Bedeutung des Konsenses für ein einzelnes Rechtsgebiet auf der einen Seite und der starken Autorität auf der anderen Seite bestehen. Betrachte man das Problem des sozialtypischen Verhaltens im Zivilrecht, so zeige sich, daß der Konsens auf ein Nichts oder fast Nichts reduziert sei, und das markiere die Grenze zum Verfassungsrecht, öffentlichen Recht und Strafprozeßrecht: Wo eine totale Unterwerfung stattfinde, müsse die Autorität des Staates um so größer sein und umgekehrt, wo der freie Bürger, wie ihn sich das römische Recht und der Gesetzgeber des BGB vorstelle, selbstverantwortlich in voller Kenntnis der Dinge entscheiden könne, danke die staatliche Autorität ihm gegenüber weitgehend ab.

(Th. Mayer-Maly, Salzburg:) Beim Grundkonsens in den Gebieten des öffentlichen Rechts übertrage man eine vom Zivilrecht modellierte Konzeption des Konsenses auf das öffentliche Recht, und das scheine die Substanz der Anerkennungstheorien zu sein. Eine Differenzierung sei allerdings insoweit erforderlich, als der Grundkonsens gewiß nicht erklärte Willensübereinstimmung oder gar Einigung über eine Leistung nach dem Modell des privatrechtlichen Vertrages sei. Der Grundkonsens begnüge sich vielmehr mit dem gemeinsamen Meinen, vielleicht mit dem gemeinsamen Fühlen bezüglich der Momente, die erforderlich seien, damit die Rechtsordnung getragen werde. Anders im Zivilrecht: Das habe Lauterbach scharf gesehen, wenn er ausführe, im Privatrecht sei nicht jede Übereinstimmung Konsens, sondern erst die Einigung auf eine Leistungspflicht. Den Grundkonsens könne man deshalb — nicht wertend gemeint — als „unterentwickelten Konsens" bezeichnen.

(H.-L. Schreiber, Göttingen:) Zum Grundkonsens frage sich, ob er eigentlich ein psychologisch faßbares Phänomen oder nicht letztlich fingiert oder unterstellt sei. So sage Luhmann, daß bei den modernen komplexen sozialen Verhältnissen noch nicht einmal alles Grundsätzliche zum Thema des Konsenses gemacht werden könne, die Aufmerksamkeit durch die Vielfalt der Einzelheiten vielmehr derart abgelenkt sei, daß alles das als konsentiert gelte, was nicht mit ausgesprochenem Dissens überzogen werde.

Hier könne dann der Konsens faktisch in Herrschaft übergehen, wenn es durchsetzungskräftigen Gruppen, die Dissens zu vermeiden verstünden, gelänge, diese Situation auszunutzen. Damit habe Luhmann die Schwäche der noch höchst verbreiteten generellen Anerkennungstheorie aufgezeigt.

Entscheidend für alle Rechtsgebiete sei, ob das Recht seine Geltung aus einem generellen Konsens herleite oder ob der Konsens nicht eigentlich eine idealtypische Konstruktion zur Rückführung des Rechts auf den einzelnen sei, nachdem andere Begründungen von Herrschaft zerstört seien. Was hier real und was fiktiv sei, sei noch offen.

(A. Podlech, Darmstadt:) Die Rückführbarkeit des Konsenses auf den Einzelwillen sei unter zwei Gesichtspunkten fraglich: Einmal werde die Freiheit beschränkt durch die Definition der Spielräume realer Verhaltenschancen, etwa die Rechtsordnung.

Zum anderen sei die Möglichkeit zur Manipulation zu nennen, die die marxistische Theorie aufgezeigt habe. Unabhängig davon, ob man den Theorienballast der marxistischen Theorie übernehme, sei nicht ausgeschlossen, daß es Manipulationen gebe, also die Täuschung des einen durch Verhalten anderer. Die Schwierigkeit liege aber darin, daß weder die marxistische Theorie noch andere Richtungen operationierbare Kriterien angeben könnten, die es ermöglichten, ein echtes Bewußtsein von einem unechten, ein manipuliertes von einem nicht manipulierten zu unterscheiden. Man könne also, auch wenn man zugeben müsse, daß Manipulation möglich sei, nicht feststellen, wann sie im Einzelfall vorliege.

Dies stehe in einem, wenn auch weiten Zusammenhang mit dem Problem der Geltung von Rechtsregeln. Die Rechtsordnung als ganze sei überhaupt nicht begründbar, und man könne sie in ihrer Legitimation nicht auf Konsens zurückführen.

Infolgedessen sei die These umzukehren und zu sagen, Rechtsordnungen im ganzen seien nie, einzelne Regeln nicht immer begründungsfähig, aber sie seien attackierbar, und der Konsens im Hinblick auf die Geltung, die Legitimation, bedeute dann das Nicht-Attackiert-Sein bestimmter Rechtsregeln. Die Menge der einzelnen Regeln, gegen die sich das Individuum wende, könne sehr groß sein, so daß es zur Systemattacke komme. Aber man sehe auch, daß Revolutionen, wenn sie gelingen, keineswegs die Gesellschaftsordnung im ganzen ändern. Deshalb sei der Satz Luhmanns, man könne im Prinzip alles ändern, aber man könne nicht alles zur gleichen Zeit ändern, richtig.

Von dem Begriff des Nicht-Attackiert-Seins sei das zu unterscheiden, was Luhmann mit der Institutionalisierung des Konsenses bezeichnet habe, daß also, solange relevanter Dissens nicht geäußert sei, von der Normgeltung auszugehen sei. Die Institutionalisierung des Konsenses beziehe sich für Luhmann auf die Regel, die Rechtsnorm. Die Geltung der Rechtsnorm interessiere den Bürger nicht, sondern allein den, der sich mit Legitimationsproblemen beschäftige. Der Bürger sei interessiert an den sozialen Zuständen, die durch die Geltung dieser Regeln produziert werden. Die Legitimation einer Gesellschaft, auch einer demokratischen, beruhe darauf, daß eine Rechtsordnung in der Lage sei, abnehmbare soziale Zustände zu produzieren. Die Attacke laufe über die Zustände, die durch Rechtsregeln produziert seien und betreffe nicht die Rechtsregeln unmittelbar.

(G. Jakobs, Kiel:) Der Konsens, wenn er vorliege, schneide die Frage nach dem Grund der Herrschaftsverteilung ab. Es sei deshalb offener, statt vom Grundkonsens von Macht zu reden.

Wenn der Grundkonsens nur noch im Nicht-Attackiert-Sein faßbar sei, sei es nur ein Schritt von kleiner quantitativer Bedeutung hin zu der Aussage, daß der Grundkonsens gegeben sei, wenn nicht alles drunter und drüber gehe. Diese Aussage, daß Grundkonsens gegeben sei, solange die Ordnung existiere, decke sich mit der Aussage Kelsens, daß das Recht gelte, wenn es im großen und ganzen wirksam sei. Dabei sei der Vorzug der letzteren Version darin zu sehen, daß Herrschaft nicht verschleiert werde.

(Th. Mayer-Maly, Salzburg:) Nach Kelsen werde die Grundnorm sinn-
vollerweise nur im Hinblick auf eine im großen und ganzen wirksame
Ordnung vorausgesetzt. Es handele sich also um eine bloße Denk-
konzeption und nicht um eine Effektivitätstheorie und daher auch nicht
um eine Machttheorie des Rechts.

(H.-L. Schreiber, Göttingen:) In allen Theorien, die auch die Effektivität des Rechts erklärten, und die Konsenslehre und die generelle
Anerkennungslehre seien Lehren, die die Effektivität des Rechts mit-
erklären wollen, sei ein Moment enthalten, das mit Gewalt, mit Macht
nicht erklärbar sei, die Tatsache nämlich, daß bloße zwingende Gewalt
auf Dauer schon als Macht nicht bestehen könne. Hier müsse das hinzu
kommen, was mit dem Reden vom Grundkonsens intendiert werde;
ferner sei hier, bei aller Institutionalisierung und bei allem Abrücken
vom realen Willensakt, die Möglichkeit eingeschlossen, nicht nur pure
Macht zu legitimieren, sondern eben auch Dissens zu äußern. Der Begriff des Konsenses nun meine den Punkt, der die auf Bajonette ge-
stützte Effektivität und Gewalt des Rechts eben doch überschreite.

(H. Schmitz, Kiel:) Konsens sei real nicht bloßes Nicht-Attackiert-
Sein, wenn man nicht beim Willen als voll bewußtem Entschluß,
Willensakt, stehenbleibe, sondern das „laterale Bewußtsein" berück-
sichtige, das für den Willen insofern bedeutsam werde, als man,
metaphorisch ausgedrückt, im Meer einer Überzeugung mitschwimme,
ohne daß der Nachweis eines datierbaren Willensaktes möglich sei.

Ähnliches lasse sich in einem anderen Bereich, der sich aber mit den
vielen Zustimmungsakten decke, die Luhmann vermisse, nachweisen.
Dabei gehe es um die von Husserl aufgezeigten Erwartungen. Man
sehe hier alle möglichen Dinge und erwarte gewisse Dinge, ohne allerdings einen eigenen Erwartungsakt vollzogen zu haben. Daß die Erwartungen aber etwas Reales und keine Fiktionen seien, merke man
am Enttäuschungserlebnis. Diesem Enttäuschungserlebnis entspreche
beim Grundkonsens der Eindruck: „das habe ich doch wirklich nicht
gewollt", wenn das Entgegengesetzte von dem herauskomme, was man
erwartet habe, und damit wolle man nicht bloß das Negativum einer
fehlenden Attacke ausdrücken.

Dies gelte in ähnlicher Form auch für die Fassung der Willenserklärung im Zivilrecht, etwa bei der protestatio facto contraria. Das
Schema, das man zugrunde lege, wenn man sage, es habe ein eigener
Wille vorgelegen, von dem die Erklärung nur abgewichen sei, sei
psychologisch und ontologisch falsch. Es sei vielmehr so, daß selbst der
einzelne in vielen Fällen nicht sagen könne, was er gewollt habe. Das
Wollen sei etwas Ganzheitliches, bei dem das eigentliche Wollen in

Teilen des Willens noch nicht ergriffen sei, nicht Willensakt geworden sei, und nur in das Faktum investiert wurde.

Man dürfe nicht voreilig, weil man an der verkehrten Ontologie — Wille gleich Willensakt gleich Entschluß — festhalte, den Grundkonsens zur Fiktion erklären, der, wenn auch schwer faßbar, ganzheitlich vielleicht nur nachträglich am Enttäuschungserlebnis feststellbar, doch real sei.

MIX
Papier aus verantwortungsvollen Quellen
Paper from responsible sources
FSC® C105338

Printed by Libri Plureos GmbH
in Hamburg, Germany